Concebidas sin Pecado

Una invitación a tu renacimiento consciente como Mujer

Elisa Botti

SEGUNDA EDICION

Concebidas sin Pecado

Por Elisa Botti

Todos los derechos reservados

Argentina, 2020

Ninguna parte de esta publicación puede ser reproducida, almacenada en un sistema de recuperación, o transmitida, en cualquier forma o por cualquier medio, electrónico, mecánico, fotocopia, grabación, o de otra manera, sin el permiso previo y por escrito del autor.

Contacto: contacto@elisabotti.com
ISBN: 9798673568576
Sello: Independently published

Para Jerónimo

A la memoria de mi abuela Margarita Lippolis

Agradecimientos

Durante mucho tiempo pensé en escribir un libro; de hecho comencé en varias oportunidades pero llegaba un punto en el que no podía avanzar.

Un año atrás, volví a encontrar a un ser de luz, una mujer a la que llamo mi hada madrina: Verónica Mezzini.

Luego de conversar más de dos horas y contarle sobre mi trabajo de veinticinco años, me dijo que debía plasmarlo en un libro. Le comenté que lo había intentado sin poder lograrlo y me ofreció su ayuda. Y gracias a su asistencia y paciencia nació "Concebidas Sin Pecado".

Otro ser de luz, un maestro sabio y amoroso, que me acompañó en mi proceso personal y del que aprendí el lenguaje de las emociones y de la biología, es el doctor Fernando Callejón, un hombre íntegro, al que admiro, no sólo por su sabiduría sino por el profundo respeto que tiene por el género femenino.

Mi hermana Sonia, una sabia chamana, fue quien me asistió para internarme en la profundidad de lo desconocido y de la que recibí la sabiduría de los rituales ancestrales.

Silvana Chiaborelli, amiga y asistente brillante, tuvo a su cargo la difusión de este libro.

A mis padres, que me enfrentaron al desafío de encontrar mi verdadero ser.

Mi agradecimiento también a todas aquellas mujeres que se acercaron, a través de los años, por medio de consultas personales o seminarios, en busca de respuestas; elogio que hayan aceptado el desafío de revisarse, de transitar el proceso complejo que significa la transformación personal.

Y por último, a mis amigas-maestras: Ana Coccaro, Cecilia Taborelli, Esther Tisera, Liliana Fernandez Mateo, Mónica Echeverria, Silvana Ridner, quienes demuestran cada día que aún en las tormentas más fuertes, en mares embravecidos, si estás dispuesta a encontrar tu verdad, los cielos y la tierra te asistirán para que así ocurra.

Agradecimientos a la segunda edición

La segunda Edición de Concebidas Sin Pecado empezó a gestarse en mí hace tiempo, cuando mujeres de diferentes lugares me hicieron llegar su deseo de tener el libro, por recomendación de otras que lo habían leído.

Tomada la decisión de volver a publicarlo, comencé por hacer una revisión completa de mi obra y para ello conté con una aliada incondicional: Mi querida compañera Raquel Nora Masi.

Entre charlas, risas y tés, fuimos releyendo cada uno de los capítulos y realizando las correcciones que creí necesarias.

Infaltable a la cita, la partera de Concebidas Sin Pecado, mi queridísima Verónica Mezzini, se hizo presente para dar a luz la segunda edición.

Una vez más, conté con la asistencia de dos magas: Sonia Botti y Cecilia Taborelli.

Elba Kremer y Juan Peralta son los padrinos que elegí para este renacimiento de Concebidas; dos seres que desde el primer instante en que los conocí, me expresaron su reconocimiento, amor y generosidad infinita.

La talentosa escritora y amiga Adriana Romano, me puso en contacto con la editorial Taco de Reina, que realizó la publicación.

Durante el tiempo transcurrido desde la primera edición hasta la presente, he tenido contacto con muchas mujeres, a través de consultas personales y seminarios.

Mi agradecimiento a cada una de ellas porque me impulsaron a continuar explorando la magia de este espacio-tiempo que estamos transitando; a seguir conectando con la oportunidad de trascender nuestro diseño limitado y aventurarnos a tomar las infinitas posibilidades que solo están disponibles cuando nos atrevemos a convertirnos en heroínas.

Prólogo

Cuando Elisa me invitó a prologar su novela, a la que me gustaría llamar histórica realista, no imaginaba encontrarme con una obra de tan elevadas intenciones. Y la sorpresa me ha invitado a reflexionar sobre las cualidades de esta revolucionaria amiga que ha aparecido en esta etapa de mi vida.

Ella es capaz, en medio del concepto más profundo, de darse lugar a la sonrisa más amable y al gesto más risueño. La he llamado cariñosamente "Juana la preguntona" por su capacidad de insistir con las preguntas más allá de la paciencia del interlocutor por contestar. Es también, quien no deja de agradecer cada pedido que hace desde el lugar más humilde. Y eso se refleja en su novela, insistiendo en desenrollar los conceptos hasta que los personajes mismos lo llegan a entender. No dejando que los personajes la representen sino mejorándolos hasta cambiarlos a ellos. Y eso es propio de quien no sólo se preocupa por hacer amable la lectura, sino también por mejorar la calidad de vida de quien la lee.

Así la vemos en diálogos memorables sostener conceptos sobre la salud, la enfermedad, el patriarcado, el amor, el compromiso, la autoridad, la sexualidad humana o la injusticia de un sistema perverso.

Y es ese sostén el que hace de esta novela una obra que espero integre la bibliografía de estudiantes y de amantes. De hombres y mujeres que están hastiados de pertenecer a un modelo de vida que nos sofoca y nos quita la libertad.

Saludo con énfasis la entrada al mundo de "Concebidas Sin Pecado" y me permito sentirme orgulloso de ser amigo de su autora y partícipe de su realidad.

Dr. Fernando Callejón
Médico
Creador de la Medicina Psicóbiológica

Introducción

Concebidas Sin Pecado nace a partir de mi necesidad de transmitir a las mujeres las revelaciones que fui teniendo a lo largo de mi vida. Dichas revelaciones no se presentaron de manera espontánea, sino como resultado de mi búsqueda personal, basada en mi deseo de sanar para luego ayudar a sanar a mis congéneres.

Jung decía: "Sólo el médico herido puede esperar curar".

En el relato no sólo está mi historia, sino la historia de aquellas mujeres que fui conociendo en mi proceso de aprendizaje, algunas maestras, otras alumnas; en definitiva, un encuentro de almas en una búsqueda desesperada por el bienestar.

Y es transitando ese camino donde comprendí que hay un tesoro, un legado ancestral que nos fue ocultado con el propósito de quitarnos nuestro poder personal.

Imaginen cuánto debió haber sido ese poder que se tuvieron que utilizar los métodos más terribles, las mentiras más absurdas, el castigo cruel y despiadado ofreciéndonos a cambio la supuesta verdad de nuestra debilidad, que nos convierte, bajo la mirada de la historia, en seres que no somos.

Así perdimos culturalmente el instinto, la capacidad de auto sanación, el amor por nuestras hermanas y nos relacionamos buscando en el otro lo que nos falta.

Nos hemos acomodado a una realidad mentirosa y es momento de salir de la trampa.

¿Por qué ahora? Porque si este libro llega a ti, es que estás preparada para iniciar la búsqueda; no te garantizo el tiempo que te llevará pero sí puedo asegurarte que la recompensa al final del camino será encontrarte con la persona que quieres ser.

La información está allí, en tu cerebro que guarda el registro de nuestros antepasados que sobrevivieron a todos los desafíos; sólo tienes que acceder a él.

"Concebidas sin pecado" te dará las herramientas para lograrlo.

La elección es tuya: seguir dormida y aceptar lo que te dicen sin cuestionar o internarte en un viaje atrapante y revelador, propuesto a través de las páginas de este libro.

No temas, no estás sola. Desde algún lugar, serás asistida.

Aclaración

Me he permitido la licencia de exponer datos históricos sin seguir un orden cronológico, lo cual no les quita autenticidad.

Los rituales que se encuentran en el relato, deben ser realizados con la asistencia de una persona idónea en dichos temas.

PRIMERA PARTE
En algún lugar del Paraíso

Capítulo Uno

Una sociedad Matrilineal

La aldea se ve tranquila, como todos los días. Es una mañana soleada, se escuchan los gritos y risas de los niños que juegan. Algunas mujeres trabajan en el telar, otras recogen semillas; los hombres se dedican a las labores masculinas: arar la tierra, herrar caballos, trabajar la madera...

Ana camina hacia el río. Su vientre prominente muestra un embarazo de nueve meses. Cuando llega a la orilla, se pone en cuclillas y recoge agua en un cuenco. Al levantarse tiene una sensación diferente en su pelvis. Sabe que está a punto de parir.

Regresa con naturalidad y se dirige a la choza de la Gran Madre, la comadrona que guiará el parto. Cuando entra la encuentra calentando agua. Ana le dice:

—Ya es hora.

—Lo sé —contesta ella; y dirigiéndose a una adolescente que está a su lado, le ordena: — Ve y avisa a las demás.

Siete mujeres llegan rápidamente. Entre ellas, sus hermanas, su madre y su abuela. Ana se ubica en el centro de la habitación en cuclillas. La comadrona frente a ella y el resto de las mujeres formando un círculo a su alrededor. Comienzan a mover su vientre en una danza acompañada por instrumentos de percusión. Ana sigue los movimientos. Siente su útero como una ola que sube y baja. Se deja llevar por la música y comienza a pujar. Se pone de pie, su madre y su abuela se acercan y la toman de los brazos sosteniéndola. Con las piernas semiflexionadas, ella vuelve a pujar. La comadrona se coloca frente a su pelvis y ve la cabeza del bebé aparecer por el canal vaginal.

— ¡Ahora, Ana!

Ana siente un éxtasis increíble, un orgasmo que invade todo su cuerpo… Y nace su hijo. La comadrona lo recibe y anuncia que es una niña. Pero cuando va a colocarla sobre el pecho de Ana, ésta vuelve sentir esa energía que acababa de experimentar. Mira a la comadrona, con ojos de sorpresa. La mujer ve aparecer otra cabeza.

— ¡Hay otro bebé!

Ana experimenta un nuevo orgasmo y llora de placer y alegría. Otra niña acaba de nacer y es también colocada sobre el pecho de su madre. Las mujeres ríen y las miran embelesadas. Luego de unos minutos cortan el cordón umbilical, que en una ceremonia posterior será enterrado como ofrenda a la Madre Tierra.

Ana observa a sus hijas con un amor indescriptible; siente como si se derritiese. Una oleada de oxitocina[1] se derrama sobre su cuerpo provocándole un enorme placer. Las dos niñas son muy parecidas, sólo que una es de cabello negro y la otra de cabello rubio. Mirando a ésta, Ana le dice:

—Tú, te llamas Eva. Y tú —dirigiéndose a la de cabello oscuro—, eres Lilith.

1- **Oxitocina**: hormona que se libera en grandes cantidades durante el parto, la lactancia, el contacto, el orgasmo y el establecimiento de relaciones sociales.

Ambas están ya succionando el calostro de los pechos de su madre, siguiendo la indicación que le da la comadrona. El calostro permite limpiar el organismo de las recién nacidas. Ya habrá tiempo de lavarles sus pequeños cuerpos.

Las niñas permanecen algunas semanas junto a su madre, que descansa, come y se recupera en la choza. Luego de amamantarlas, Ana les canta una canción de cuna que su abuela le ha enseñado:

Usa sanu usa sanu

usa sanu ki dumusane

usa kulu ki dumusane

igi badbadani u kunib

igi gunani nuzu sarbi

u eme za malilikani

za mallilil u nagule[2]

El padre de las niñas entra a conocerlas al cabo de un mes. Ana comienza nuevamente con las tareas de la aldea, llevando aferradas a su cuerpo, con pequeñas telas dispuestas a modo de saco, a sus hijas, que continúan creciendo fuera del vientre materno, pero pegadas al cuerpo de su madre.

Lilith y Eva empiezan a dar sus primeros pasos. Entre las risas de sus tías, su madre y su abuela y compartiendo con los hijos de las otras mujeres de la comunidad. Al atardecer llegan los tíos y juegan

---

2- **Canción de Cuna sumeria:** Sueño, ven; sueño, ven; | Sueño, ven a mi hijo; | Sueño, date prisa hacia mi hijo! | Duerme sus ojos abiertos. | Pon tu mano sobre sus ojos centellantes. | En cuanto a su lengua murmurante | No dejes el murmuro estropearle el sueño.

con ellas colocándolas en sus hombros. Lilith y Eva sueltan carcajadas y agitan sus brazos. Uno de ellos, alfarero, les ha hecho a las niñas, un amuleto con su nombre tallado. Le coloca a cada uno un cordel de cuero y se los cuelga del cuello.

Los años transcurren mientras ambas crecen y van mostrándose seguras y amorosas, una característica de los niños de esa comunidad que viven en libertad, rodeados de afecto y comprensión.

Es una mañana sin sol. Las mellizas van a cumplir cuatro años. Los niños juegan a las escondidas mientras las madres se dedican a sus labores. Uno de los más grandes se detiene frente a un árbol y tapando su rostro con un abrazo, comienza a contar. Todos corren. Una adolescente la toma a Lilith de la mano y la lleva con ella a ocultarse detrás de unos arbustos. Otra la toma a Eva y busca hacer lo mismo. En ese instante, un niño de corta edad se cae. La adolescente que llevaba a Eva frena y le dice:

—No te muevas de aquí, yo voy en busca del niño y luego nos escondemos los tres—Eva asiente con una sonrisa.

La adolescente corre a buscar al pequeño que está tirado sobre el pasto llorando. Un conejo pasa saltando al lado de Eva y ésta lo sigue. Grita llamando al animal, sin dejar de correr y reír.

Comienza, sin darse cuenta, a alejarse de la aldea. La adolescente vuelve con el pequeño al encuentro de Eva; no la ve y piensa que la niña, que es muy astuta, se debe haber escondido. Mientras tanto, el niño que contaba apoyado sobre el árbol, deja de hacerlo y empieza a buscar al resto. Uno a uno los va encontrando, salvo a Eva. Lilith llama a su hermana; los gritos de los niños hacen que una de las mujeres acuda, preguntando qué ocurre. Ellos comentan, encimando sus voces y agitados, que no pueden encontrar a Eva. La mujer corre a avisarle a Ana. En poco tiempo se organizan hombres y mujeres para iniciar la búsqueda de la niña.

Eva alcanza al conejo cuándo éste se detiene a comer. Lo toma entre sus manos y sonríe por el logro. Emprende el regreso pero en lugar de ir hacia el sur, donde se encuentra la aldea, va hacia el norte. Cuando ve que no llega, empieza a gritar: "¡Lilith, Lilith! ¿Dónde estás? ¿Dónde están todos?". Continúa caminando por el bosque sobre una alfombra de hojas hasta que al dar un nuevo paso su pie no encuentra el suelo y cae en un pozo profundo y oscuro. El golpe hace que pierda el conocimiento y queda tendida, en el fondo. Un viento fuerte se levanta haciendo que las hojas tapen la boca del pozo. Eva queda sepultada.

Durante tres días y tres noches buscan a Eva sin poder encontrarla. La comunidad está desesperada. Ana llora desconsoladamente. Lilith no para de preguntar por su hermana. La Gran Madre consulta a sus guías. Le responden que Eva está viva pero que pasará tiempo hasta que vuelvan a verla. Se lo dice a su madre y a su familia. Y si bien esa noticia es mejor que pensar en la muerte de la niña, no minimiza el dolor que sienten.

Cerca de allí...

Hace dos años que Clara contrajo matrimonio con un hombre y no puede concebir un hijo. Su esposo, Iván, no sabe cómo eludir la pregunta de parte de su familia:

— ¿Qué esperas para tener un descendiente?

A solas piensa:

—Tendré que aceptar que me casé con una mujer que no es fértil.

De una u otra forma, Iván le muestra su descontento a su esposa por no darle un hijo. Piensa que es una buena mujer, que cumple con todas las tareas de la casa, que puede acceder sexualmente a ella cuando él lo desea, pero necesita un heredero. Mientras tanto, Clara mira con tristeza a los hijos de las mujeres de su comarca. No puede entender por qué las otras fueron bendecidas con la maternidad y ella no.

— ¿Por qué soy castigada? —se pregunta una y otra vez.

Una tarde Clara va en busca de hierbas al bosque. Han pasado cuatro días de la desaparición de Eva. La mujer se acerca a recoger salvia y escucha sollozos que vienen de abajo de la tierra. Se aproxima al lugar y comienza a correr las hojas; y la ve: una niña rubia, hermosa, llorando. Inmediatamente va en busca de ayuda. Llega con dos hombres y dos mujeres y saca a la niña. La envuelve en una manta y regresan a la aldea.

—Me haré cargo de ella —dice Clara; y todos asienten.

La lleva a su casa y la coloca en su cama. La niña, que había dejado de llorar, la mira azorada.

— ¿Cómo te llamas? —pregunta Clara

La pequeña no responde.

— ¿De dónde eres? —insiste la mujer.

La niña sigue observándola; ha perdido la memoria. La mujer ve, entonces, que del cuello de la niña cuelga un amuleto que dice: Eva.

—Eva, ese es tu nombre —dice Clara con alegría—. No temas pequeña, estás a salvo. Yo te cuidaré; y la abraza como si hubiese encontrado el tesoro más preciado.

Iván llega a su casa esa noche, Clara le cuenta lo ocurrido y su decisión de quedarse con la desconocida. El hombre muy serio se dirige a la habitación y ve a la niña durmiendo.

— ¡Estás loca! —grita Iván—. No es tu hija ¡Y además, es mujer!

Ella le implora llorando que le permita quedársela. Iván, finalmente, termina accediendo.

Pasa el tiempo y la mujer se vuelve obsesiva con los cuidados de Eva. Tiene mucho temor a que algo malo le ocurra a la niña. De ser así, no podría soportarlo. Eva ha venido a llenar un gran vacío en su vida. Para la niña ella es su madre y ha nacido de su vientre. Iván en cambio, es rígido con ella y exigente. Ambas mujeres están a su servicio. Eva no protesta, las leyes dicen que hay que obedecer al padre y a la madre, y así lo hace. Y fundamentalmente a su dios, el creador y padre de todo.

Pasan 3 años. Iván se prepara a la madrugada para ir de cacería. Su mujer se levanta con él para hacerle el desayuno. Él lo toma y se va sin mediar palabra con ella. Cuando llega a la puerta, se da vuelta y dice:

—Has sido una buena mujer —y parte.

Clara siente que no lo volverá a ver, que las abandona. Y no se equivoca. Si bien lo único que la une a Iván es un contrato, el hecho de que la deje sin reconocer todo el sacrificio que ella hizo durante tantos años por él, la llena a Clara de rencor. Se vuelve crítica y amarga, actitud que Eva desaprueba en su madre pero que acepta. Ella tampoco entiende el abandono de su padre. Siempre hizo todo lo que él quería, fue una buena hija y aún así la dejó.

Capítulo Dos
Lilith, la Mujer libre

Las risas se escuchan desde muy lejos. Algunas mujeres danzan y otras tocan diversos instrumentos. La alegría es contagiosa.

Una de ellas sobresale del grupo por su sensualidad y su baile; mueve la cadera en círculos abriendo su chakra sexual, en una conexión directa con la tierra. Ella es Lilith.

De pronto, la música deja de sonar, una de las mujeres dice:

—Vayamos al río a nadar.

Todas corren mientras se van sacando la ropa hasta quedar totalmente desnudas. Se zambullen en el agua y los gritos y las risas inundan el lugar.

Al rato empiezan a salir del río y se tienden al sol. Comienzan a conversar y cada una cuenta sobre su vida. Algunas hablan de sus hijos, otras de sus relaciones con los hombres, de la cosecha de frutas del día anterior; un tema lleva a otro hasta que se dan cuenta que empieza a caer el sol y es hora de regresar.

Lilith decide quedarse un poco más, adora ver el atardecer; el resto se viste y emprende la partida.

Lilith se sienta mirando al oeste. El sol es rojo y forma un círculo perfecto en el horizonte. Hay una brisa suave, que apenas mueve su cabello. Respira profundamente tomando en cada inhalación toda la energía de esa tarde que ya se extingue. Se siente plena, segura, dueña de sí misma... Es un momento sublime.

Inmersa en la belleza del paisaje, no percibe que detrás de unos arbustos un hombre la observa; fascinado frente a la imagen de esa mujer que parece dibujada en el sol, avanza hacia ella como poseído por una fuerza que no puede controlar.

Lilith escucha unos pasos y se da vuelta; sin abandonar su postura, con una voz firme, pregunta:

— ¿Quién eres?

—Mi nombre es Adán —contesta el hombre.

— ¿Qué buscas?

Adán comienza a balbucear, sin encontrar las palabras adecuadas, y un poco amedrentado por esa presencia tan poderosa. Lilith suelta una carcajada y dice:

—No te asustes, no voy a hacerte daño.

Él sonríe y se distiende.

— ¿Puedo sentarme contigo?

—Siéntate —responde ella en un tono afable mientras se coloca su vestido—. ¿Has visto lo maravilloso que es el atardecer?

—Siempre me pareció hermoso —contesta Adán—, pero nunca tan fascinante como hoy...

Comienzan a conversar, las horas pasan sin que ambos se den

cuenta hasta que escuchan una voz femenina que, desde lejos, grita:

— ¡Regresa Lilith! Te estamos esperando para la cena.

Ella se levanta rápidamente; él hace lo mismo. Se miran frente a frente.

—Mañana. Al atardecer —dice ella, sonriendo. Se da vuelta y desaparece.

Al día siguiente, a la hora del ocaso está Adán sentado esperando a la mujer de sus sueños. Ella aparece entre los árboles y cuando él la ve, siente que su corazón va a estallar. Lilith corre feliz y se lanza en sus brazos. Ambos ríen y comienzan a rodar por el pasto hasta que quedan de espaldas, exhaustos. Sin mirarla él toma su mano. Ambos sienten que una energía poderosísima recorre toda su piel.

Adán se voltea sobre ella y su cuerpos semi desnudos entran en contacto; acaricia su cabello y la mira fijamente a los ojos. Tiene frente a él a la mujer que tanto desea. La besa apasionadamente. Ella responde a ese beso con la misma pasión. Luego su boca recorre el rostro de él. Adán comienza a penetrarla y ella, invadida por el deseo, comienza a jadear. Mientras él se mueve sobre ella, Lilith lo abraza con sus piernas y llega su primer orgasmo, con gritos de placer y alivio. Ella alcanza el éxtasis una y otra vez hasta que Adán, exhausto, eyacula. Inmediatamente sale de encima de ella y se tiende nuevamente sobre el pasto. Lilith se levanta, lo mira y sonríe sabiendo que él no va a hablar hasta que se recupere y que, a pesar de que ella, como toda mujer, sí siente deseos de hacerlo, será mejor ir a nadar hasta que él despierte.

Una hora después, él está parado en la orilla viendo a Lilith moverse en el río como una sirena. Observa su figura deslizarse por debajo del agua durante un tiempo prolongado hasta que asoma su cabeza, haciendo una respiración profunda. Adán, asombrado, le pregunta:

— ¿Cómo haces para permanecer tanto tiempo sin respirar?

Ella, sonriendo, contesta:

—Desde muy pequeñas, mi hermana y yo pasábamos horas en el río.

— ¿Tienes una hermana?

—Tenía —dice apesadumbrada—. Es una larga historia de la que prefiero no hablar.

Adán no insiste. Se sumerge con ella y vuelven a besarse apasionadamente. Lilith dice que es hora de irse pero él la quiere retener; ella sonríe y luego de morderle los labios, susurra suavemente:

—Mañana... Al atardecer.

A la mañana del día siguiente, las mujeres del lugar salen a recoger verduras para el almuerzo y una de ellas le pregunta a Lilith sobre Adán.

—Me estuvieron espiando —se queja Lilith sonriendo.

Todas sueltan una carcajada al unísono.

—Es muy apasionado, me siento muy bien sexualmente con él.

— ¿Lo volverás a ver hoy? —pregunta una amiga entusiasmada.

—Sí, lo deseo —responde, como embriagada por el placer que le ha dejado el encuentro del día anterior.

Día tras día, a la hora del atardecer, los dos cuerpos se funden en una sexualidad vibrante, coincidiendo ambos en ese objeto del deseo que es uno para el otro.

Una tarde, luego de besarse y acariciarse compulsivamente y sintiendo contra su pelvis el miembro erecto de Adán, Lilith le susurra al oído:

—Hoy quiero estar yo encima de ti, quiero envolver tu pene con mi vagina.

Adán, abruptamente, toma de los brazos a Lilith y la separa de su cuerpo. Ella lo mira asombrada.

— ¿Quién te ha dicho que debes hacer eso?

—Nadie. Es lo que quiero—contesta Lilith mientras se sienta, sin salir de su sorpresa.

— ¿Y por qué lo quieres? —vuelve a preguntar Adán enojado.

—Quiero hacerlo de esa manera porque es lo que deseo, y yo siempre, escúchame bien, siempre atiendo mis deseos —contesta Lilith, intentando controlarse.

—Eso está mal —responde Adán.

—No conozco esa palabra—dice ella—. ¿Qué significa?

—Que no corresponde. Que es el hombre el que se coloca encima de la mujer en el acto sexual. Así está escrito. No se pueden transgredir las normas.

—No sé de dónde vienes —dice Lilith, pero en mi comarca no existe el mal. Nosotros seguimos nuestros deseos, elegimos con quién o quiénes tendremos encuentros sexuales.

— ¿Quiere decir que así como tienes relaciones sexuales conmigo, las tienes con otros hombres?

—Podría ser…—responde Lilith, como si se tratara de una obviedad—. O puedo tenerla siempre con el mismo hombre si me enamoro de él. El amor y la relación sexual pueden ir juntas, o no.

— ¡Nuestro dios no permite eso!

— ¿Quién es tu dios? —pregunta Lilith.

—El que nos creó —contesta Adán—el padre de todos, el que imparte castigo si haces algo malo o te perdona si te arrepientes.

Lilith no puede dar crédito a lo que escucha. Está hablando con un hombre que tiene dueño y que ese dueño, llamado dios, organiza su vida de acuerdo a reglas establecidas por él mismo.

Adán interrumpe el pensamiento de Lilith con una pregunta:

— ¿Es que ustedes no tienen un dios, un padre?

Lilith, muy resuelta contesta:

—Yo tengo una madre que me dio la vida, junto con mi padre que contribuyó. Mi madre, mi abuela y mis tías cuidaron de mí amorosamente desde el momento en que llegué al mundo. Desde niña me enseñaron que mi sexualidad no depende de un falo, que no es únicamente genital. La relación coital con un hombre es parte de esa sexualidad y está ligada al deseo que cada uno sienta por el otro. Si luego de esos encuentros sexuales, donde solo prevalece el deseo, surge un sentimiento, formamos pareja; de lo contrario, una vez que el deseo se acaba, cada uno sigue su camino. Es suficiente con que uno de los dos deje de sentir, para que el otro acepte que la relación está terminada. Tenemos diosas —continúa Lilith—, pero que no castigan ni nos imponen reglas. Cada una de ellas representa un aspecto nuestro. Por ejemplo, nos conectamos con Ana cada vez que iniciamos una nueva etapa; con Ariadna para acceder a nuestra intuición y encontrar una salida; Artemisa cuando necesitamos la energía para concretar un deseo o proyecto...

—Espera—la interrumpe Adán—. Y cuándo alguien hace algo malo... ¿no lo castigan?

—Como te expliqué, aquí no existe lo que tú llamas mal. Nuestra comunidad se basa en la ayuda mutua. Para nosotros el otro es importante y estamos atentos a sus necesidades; nos sentimos unidos por una trama invisible que nos mantiene fuertes y confiados el uno en el otro. Los hijos de una madre son hijos de todos y somos responsables de ellos. Cuando hay algo sobre lo que no encontramos acuerdo, pedimos consejo a la Gran Madre, la "que todo lo ve", y ella nos sugiere qué hacer. Pero la elección es nuestra...

—Y los hombres... ¿Qué lugar ocupan en tu comunidad?

—En mi comunidad no hay jerarquías, todos tenemos los mismos derechos, y las obligaciones se reparten de acuerdo a las posibilidades y las condiciones de cada uno.

— ¡Eso es absurdo! —grita Adán—. Las mujeres son inferiores a los hombres y le deben respeto y sumisión.

Lilith se levanta abruptamente:

—No sé de dónde vienes, no conozco a tu dios, ni tampoco tus reglas, pero de algo estoy segura: estás perdido, ese lugar al que perteneces sólo puede traerte tristeza, soledad, rencor. Únete a nosotros y podrás salvarte... Sé que tu esencia es buena, pero si sigues allí no tendrás posibilidades. Si estás dispuesto a disfrutar de la vida, a ver un futuro diferente, te espero aquí, mañana al atardecer.

Adán la ve marcharse; está confundido.

De regreso, en su lugar, Adán le cuenta a su dios lo ocurrido y éste le responde:

—Esa mujer es un demonio. No te dejes envolver en sus deseos perversos; su energía sexual es muy poderosa y la usará para dominarte. Serás un esclavo en sus manos; y los hijos que engendres con ella serán demonios. Ese será tu castigo. Tú sabes bien que el hombre es dueño de la mujer y que ella debe responderle. Aléjate de ella o irás al infierno. Olvídala, yo te traeré una buena mujer para ti.

Adán se retira haciendo una reverencia. Está confundido: por un lado siente una fuerte atracción sexual hacia Lilith y lo seduce la idea de una vida libre, sin condicionamientos, haciéndose responsable de sus actos; pero, por otro lado, teme el castigo por hacer lo que no corresponde, por desobedecer a su dios, a su padre.

Al día siguiente Lilith llega al lugar del encuentro, como cada tarde. Adán no está. Baja la cabeza apenada. En ese momento, sus amigas, intuyendo lo que iba a ocurrir, van a su encuentro.

—Vamos a danzar Lilith —le dicen, tomándola de las manos.

—Sí, vamos, enséñanos esos pasos de baile que tú sabes —dice otra.

Los instrumentos empiezan a sonar y lentamente Lilith va tomando el ritmo hasta que su cuerpo se pone en contacto con la música y la risa aparece en sus labios. Fiel a sí misma, en cada movimiento demuestra que la vida continúa, que un hombre no la completa porque ella ya lo está y que si éste parte hacia otros rumbos, alguien nuevo se cruzará en su camino. Su objetivo no es un hombre, sino acceder a ese estado majestuoso de sentir placer donde éste se encuentre.

Adán, por su lado, se sumerge en un terreno hasta entonces desconocido para él. Extraña a Lilith, su cuerpo la necesita y debe reprimir su deseo de poseerla, de acariciar su piel. A medida que pasan los días, esa represión se convierte en angustia. Su mente racional, condicionada por las reglas de su mundo, le dicen que está mal, que es pecado relacionarse con esa mujer. Pero hay algo en él que la reclama a gritos. Y comienza a angustiarse.

Una mañana su madre escucha ruidos en la habitación. Cuando va a ver qué pasa se encuentra con que Adán ha destruido, en un ataque de ira, una silla. Se preocupa al verlo en esas condiciones y se dirige a dios para pedirle ayuda, quien se acerca a su casa para comprobar lo que la mujer le ha contado.

—Adán, estás poseído por una fuerza demoníaca —dice dios—. Esa mujer hizo que Satanás se apoderara de ti.

—Llévenlo a mi casa, debo hacer un exorcismo —le ordena a su madre.

La mujer llora compulsivamente; su hijo ha caído en los brazos del mal.

Mientras tanto Lilith decide hacer una visita a la Gran Madre para escuchar sus consejos. Luego de contarle lo ocurrido con Adán, la Sabia le pregunta:

— ¿Quién eres?

—Soy Lilith

—Siempre eres Lilith —dice La Gran Madre—, antes de conocer a Adán, mientras te relacionaste con él y ahora que él no está. Viniste a este mundo completa y te irás completa, si así lo eliges. Un hombre no forma parte de tu ser, es un compañero que aparece en tu vida para compartir placer y aprendizaje; y partirá en el momento en que dicho aprendizaje se complete. Puede ser un minuto, horas, días, años. Todo lo que me has contado ya es pasado.

De pronto, la Sabia emite un alarido que la saca a Lilith de su actitud de escucha.

—¿Ves?—le explica—. Este es el presente, el único momento que existe y en el único momento en que puedes elegir. Dime, mujer, ¿qué eliges? ¿Quedarte adormecida en el pasado o enfrentarte al presente con los ojos y los oídos abiertos para ver y escuchar lo que viene?

—Elijo ver y escuchar lo que viene.

—¿Cuando lo eliges?

—¡Ahora! —responde Lilith.

—Grítalo de manera que el Universo te pueda escuchar. ¿Cuándo eliges pararte en el Presente? —vuelve a preguntar enérgicamente La Gran Madre.

—¡Ahora! ¡Ahora! —responde Lilith con un grito que sale de sus entrañas.

Cada día que pasa, Lilith se vuelve más experta en el tiro con arco. Todas las mañanas, apenas amanece, toma su arco y sus flechas y se dirige al bosque. Hace marcas en los árboles a los que luego de tomar una gran distancia, apunta. Su destreza es absoluta.

Al poco tiempo, un rumor llega a sus oídos: ¡ella es un demonio y engendra demonios! Las mujeres de su comunidad ríen al escucharlo y la propia Lilith se mofa del miedo que algunos hombres de otras comunidades le tienen. Todo lo que dicen de ella no le preocupa; sabe que son juicios, interpretaciones que le pertenecen a quienes las emiten y que no hablan de quién es ella sino de quienes son los otros, condicionados por su historia, una historia donde prevalece la subestimación de la mujer con el único objetivo de lograr su control y sometimiento.

Con los días, Adán se repone.

—Todo vuelve a ser como antes —piensa. No sabe que está por conocer una nueva mujer, diametralmente opuesta a Lilith.

Capítulo Tres

Eva, la Mujer sumisa

Es una mañana calurosa. Adán se prepara para ir de cacería con dos amigos. Revisan sus arcos y flechas y comentan la táctica que van a utilizar para atrapar al venado.

Parten de la comarca, uno detrás del otro. Mientras tanto, las mujeres, sentadas en círculo, limpian habas y conversan. Hay risas, palabras dichas por lo bajo. Una de ellas, Eva, sigue con sus ojos a Adán quien se da vuelta, devolviéndole la mirada. Su compañera le toca el brazo en un gesto de complicidad.

Los hombres llegan a un claro en el bosque y allí eligen apostarse a la espera de la presa. A diferencia de las mujeres, permanecen callados. Escuchan ruidos y comienzan un lenguaje de señas entre ellos. Adán es el elegido para disparar la primera flecha; si falla continuará cada uno de sus compañeros.

El venado aparece y comienza a comer unas hierbas que se encuentran en el lugar. Adán se para y con una precisión impecable tensa el arco y dispara la flecha dando en el blanco. Los tres hombres festejan. Uno de ellos carga el animal sobre sus espaldas. Al atardecer ya están de regreso en la comarca.

Los hombres los reciben. Dos de ellos toman el venado por

las patas y lo llevan para faenarlo. Adán va en busca de agua al río. Luego de saciar su sed se da vuelta para regresar a su casa y ve que Eva lo observa y le sonríe, acercándose.

— ¿Deseas comer algo? —pregunta ella, mostrándole un pan que acaba de hornear.

—No, gracias. Me voy a descansar.

Eva vuelve a su hogar. Ve a su madre tejiendo y le cuenta sobre Adán y lo mucho que la atrae.

—Hija —dice la madre—, ten cuidado. Los hombres solo te quieren para tener sexo contigo y después te abandonan. Sino, mira a tu padre…

—Pero mamá —la interrumpe Eva—, ¿por qué me pasaría lo mismo que a ti? Adán se ve diferente.

—No te dejes engañar, querida, los hombres son todos iguales: te usan y luego pasas a ser su sirvienta. Además, si a Adán ni siquiera le gustas…

— ¿Quién te ha dicho eso?

—Elena. Ella me contó que él está enamorado de una mujer que lo endemonió.

—No me interesa —dice Eva—. Yo voy a hacer que se fije en mí.

Al día siguiente, Eva se esconde cerca de la casa de Adán. Cuando éste sale, comienza a caminar en su dirección simulando no verlo hasta que tropieza con él.

—Lo siento —dice Eva en un tono preocupado—, estaba distraída.

—No es nada —contesta Adán, secamente.

— ¿Vas a algún lugar? —pregunta ella.

—Sí, voy al bosque a cortar algunos leños.

—Te acompaño, si no te molesta.

—De acuerdo...—balbucea Adán.

En el trayecto de ida, Eva comienza, sutilmente, a indagar sobre la supuesta amada de Adán, de la que su madre le había hablado. Adán solo dice que se trata de algo que no puede ser y que no quiere continuar hablando del tema. Eva nota su tristeza y piensa:

—Algo tengo que hacer para rescatarlo de semejante dolor.

Ya en el bosque, mientras Adán hace su trabajo, Eva le cuenta historias divertidas a las que él responde con estruendosas carcajadas.

—Lo estoy logrando —piensa ella—. Adán se está olvidando de esa mujer. Pronto reparará en mí.

Al día siguiente la madre de Eva le pide que la ayude a plantar algunos gajos de vid que había adquirido, por trueque, en una comarca vecina. La joven se apresura a hacer la tarea para lograr ir al encuentro de Adán, pero todo lleva más tiempo de lo esperado. Cuando empieza a oscurecer se da cuenta que ya no tiene posibilidades de verlo. Se entristece. Esa noche no logra dormir; imagina que Adán se encuentra con esa mujer y eso le hace sentir celos. Llora; piensa que lo ha perdido.

Por la mañana, Eva sale resuelta en busca del hombre que se ha convertido en el objeto de su deseo. En el camino piensa en las posibles mentiras que puede decirle para no revelar su necesidad de verlo. Toca la puerta de su casa. Cuando sale su madre, le pregunta por él.

Se ha ido de cacería, contesta ella, volverá al atardecer.

Eva siente que va a enloquecer. Necesita verlo, necesita tiempo con Adán para que él se dé cuenta que ella es la mujer que lo hará feliz.

Regresa y se une al grupo de mujeres que están cosechando. No puede esconder su angustia.

— ¿Te ocurre algo? —pregunta una de sus amigas.

—No dormí bien...—contesta ella rápidamente. Su aspecto no es bueno.

—Es mejor que vayas a descansar—aconseja otra.

Cuando Eva llega a su casa siente náuseas y vomita. Se tiende luego en su cama y se queda dormida hasta el día siguiente. A la mañana, luego de desayunar, comienza con los quehaceres de la casa. Está aún mareada por lo vivido el día anterior. Su madre le pide que vaya a buscar agua al rio. Eva sale, cumple con el recado y cuando emprende el regreso ve a Adán herrando a uno de sus caballos. Siente que el alma vuelve a su cuerpo y se apodera de ella una sensación de euforia, como si hubiese consumido la droga que necesitaba.

—Hola —le dice mientras se acerca.

—Hola —contesta Adán, sin levantar su cabeza.

—He cocinado unos panecillos dulces y me gustaría que los pruebes.

—Si tú quieres...

—Enseguida regreso —dice Eva, mientras apura el paso hacia su casa.

Adán sigue haciendo su trabajo como si no la hubiese escuchado.

En poco tiempo regresa con unos panecillos envueltos en una pequeña tela. Se los ofrece a Adán. Él toma uno y lo prueba.

—Están muy buenos.

Eva sonríe y se sienta a su lado. Le pregunta sobre la cacería del día anterior, si le había sido difícil, a lo que agrega:

—No creo que tú hayas tenido problemas ya que eres el más fuerte de la comarca.

— ¿Te parece?

—Claro que sí —contesta Eva—. Además, todos dicen de ti que eres un hombre muy valiente, capaz de hacer frente a cualquier situación.

Adán, comienza a incorporarse, prestando atención a Eva. Al notarlo, ella continúa:

—Imagino que todo lo que te propones lo consigues, nada se te debe resistir.

—Sí —dice Adán sonriendo y con un gesto de superioridad—, siempre me gustaron los desafíos.

Eva había encontrado el talón de Aquiles de Adán... Y de todos los hombres: hablarles de sus fortalezas.

Esa noche ella se duerme pensando en Adán, el hombre que deseaba, con el que esperaba pasar el resto de su vida, casarse, tener hijos y vivir felices para siempre.

En la mañana algunas mujeres se reúnen para ordeñar las vacas y otras empiezan a preparar quesos. Terminan a media tarde. Eva le dice a su madre que no regresará a la casa con ella porque quedó en ir al río con una amiga. Su madre le recomienda no volver tarde ya que hay mucho peligro y siendo ella mujer, los riesgos son muy grandes.

Eva asiente y camina apresuradamente hacia el río. Cuando se cerciora que su madre ya no la observa, cambia el rumbo hacia la casa de Adán. También él ha concluido su trabajo y está descansando debajo de un árbol. Ella se acerca sigilosamente y lo saluda de una manera seductora. Adán le responde con un gesto de malhumor. Ella inmediatamente le pregunta qué le ocurre. Adán contesta que le duele mucho un hombro ya que se había esforzado más de lo debido. Eva le propone hacerle un masaje en su espalda para aliviarlo y él acepta. El joven se tiende en el pasto, boca abajo y Eva comienza a mover cada uno de sus músculos hábilmente. Sus manos se deslizan sobre la espalda de Adán aliviando las tensiones acumuladas.

—Ya eres de nuevo el hombre más fuerte de la comarca.

Él se incorpora y nota que el dolor ha desaparecido. Se lo agradece. Ella se siente feliz y le ofrece la posibilidad de darle un masaje cada vez que él lo necesite. Él acepta asintiendo con la cabeza. Ella comenta que ya es hora de marcharse.

Cuando se va, Adán la llama. Ella se da vuelta y él le dice:

—Eres muy buena conmigo.

De pronto Eva siente que la tarde enmudece y que lo único que escucha son las palabras de Adán, palabras que para ella tienen un valor inconmensurable. Al fin él la ve, al fin se da cuenta de que ella existe.

Los encuentros son diarios. Eva siempre halla la excusa para acercarse a él. Le da a entender, de alguna manera, que está a su servicio para lo que necesite, salvo en lo sexual. En esa comunidad, a la que ellos pertenecen, no está permitido tener relaciones sexuales antes del matrimonio.

Adán vuelve a sentir los deseos desenfrenados que sintió al enamorarse de Lilith; por consejo de un amigo va a las afueras de la ciudad a solicitar los servicios de una prostituta.

—Los hombres — dice su amigo —no podemos frenar nuestros instintos; lo que vas a hacer es natural y saludable para ti.

Eva, por su lado, siente todas las sensaciones en su cuerpo, al igual que Adán, pero debe reprimirlas ya que no está permitido tener relaciones carnales antes de consolidar la pareja, menos aún que una mujer busque alivio en brazos de otro hombre, así como tampoco se acepta el autoerotismo. Masturbarse lleva como castigo el infierno; no importa que se haga en la más tremenda soledad. Su madre le ha dicho, desde que era muy pequeña, que su dios, el padre de todos, está mirando, siempre atento, y ve lo que nadie puede ver.

A la madrugada, Eva se despierta y siente su vulva mojada. Dormida se ha masturbado. Se horroriza por lo que ha hecho. Se siente sucia. Va a ver a su dios y, avergonzada, sin poder mirarlo a los ojos, le cuenta lo que ha pasado. Su dios mueve la cabeza con un gesto de desaprobación.

—Hija —dice—, has pecado y mereces una penitencia por eso. Deberás rezar cien oraciones de las que les he enseñado y escribirás, en un papel, otras cien veces: no debo ser promiscua.

Eva entre sollozos explica que ella no quería hacerlo, que no se dio cuenta.

—Ya lo hiciste, Eva—la interrumpe su dios—. Ahora necesitas purgar tu pecado.

La noche siguiente, frente a las sensaciones de su cuerpo y temiendo volver a caer, Eva le pide a su madre que le ate las manos detrás de la espalda. Su madre pregunta el motivo de semejante pedido. Eva dice que está cumpliendo una promesa. Su madre acepta ya que solía ella misma, una vez que algún deseo le era otorgado por su dios, imponerse cierta restricción a modo de pago. Dormir en esas condiciones le genera a Eva una gran incomodidad; pero todo es válido para evitar algo repugnante.

Si bien las noches son para Eva una tortura, todo se diluye al llegar la mañana. Y es precisamente, esa mañana de otoño donde se encuentra con una amiga, a la que su madre le tiene prohibido frecuentar. Najash es su nombre y siempre se la ve con una serpiente alrededor del cuello; ella dice que la serpiente es su compañera y que le revela secretos. El encuentro es casual, Eva no lo ha buscado ya que si desobedeciese a su madre, ésta le prohibiría salir de la casa por varios días.

Ambas se alegran al verse. Eva le dice a Najash de ocultarse detrás de unos matorrales para evitar que las observen.

—Tengo algo para decirte, que me ha contado mi serpiente—le susurra Najash al oído.

—¿De qué se trata?

—Hay un lugar—responde la joven—, donde se encuentra un árbol mágico que da manzanas; todos aquellos que coman el fruto serán dueños del conocimiento.

—¿Qué clase de conocimiento?

—Todo lo que quieras saber te será revelado—afirma Najash.

— ¡Dime dónde se encuentra ese árbol!

—Está lejos de aquí. Yo no necesito encontrarlo ya que, cada vez que quiero saber algo, me basta comunicarme con mi serpiente. Pero tú, Eva, puedes ir. Si quieres te presto mi serpiente para que te enseñe el camino.

Eva salta de alegría y abraza a su amiga dándole las gracias. Ambas acuerdan volver a encontrarse al día siguiente en ese lugar para que la joven pueda partir con la serpiente en busca del árbol del conocimiento.

Antes de regresar a su casa, Eva va al encuentro de Adán y le propone que, al amanecer, hagan un viaje. Le dice que le va a dar una sorpresa; él acepta. Ella está deseosa de compartir el hallazgo con el que considera el hombre de su vida.

Se levanta apenas aclara y se encuentra con su amiga Najash quien, generosamente, le da el reptil. Le dice que éste le va a indicar por dónde ir; que solo tiene que conectarse con él desde el pensamiento y allí estará la respuesta.

Eva va en busca de Adán quien pregunta el por qué de la serpiente. Ella contesta que es parte de la sorpresa. Comienzan a caminar buscando esconderse de alguna que otra persona que merodea por allí. Ambos van en silencio. Cada vez que Eva tiene dudas de por dónde seguir, cierra los ojos y pregunta en su mente: "¿Por dónde?", y en segundos una voz le indica la dirección. Caminan por horas hasta que Eva escucha en su mente: "¡Aquí es!"

Fascinada, se detiene frente a un frondoso árbol lleno de manzanas.

— ¡Este es! —grita de alegría. Adán la mira sorprendido.

— ¿A qué te refieres?

—El árbol—dice eufórica —. Este es el árbol del conocimiento: comiendo una manzana se nos revelará todo lo que necesitamos saber.

Y cuando la joven está por tomar una manzana, Adán la detiene abruptamente:

—No, Eva, no lo hagas... Nuestro padre nos tiene prohibido comer de este árbol—ella lo mira sorprendida.

— ¿Y por qué no podemos hacerlo, qué es lo malo de tener conocimiento?

—No lo sé—responde Adán—. Tú sabes que lo que nuestro dios ordena debemos cumplirlo o nos castigará.

— ¡No puede ser! Nuestro dios siempre quiere lo mejor para nosotros. Debes estar confundido...

Frente a las palabras tan seguras de Eva, Adán duda. Suena lógico lo que ella dice.

Eva toma entonces una manzana, la muerde y se la da a Adán quien también la muerde; y en ese preciso instante escuchan una voz profunda y acusadora.

— ¡¿Qué hacen pecadores?!

Es la voz de su dios que los ha seguido; uno de sus asistentes le informó sobre la actitud sospechosa de los jóvenes.

Adán, consternado, tira la manzana y balbuceando pide perdón diciendo que Eva lo llevó engañado y lo convenció de comer el fruto. La serpiente lo mira con un gesto de desprecio, aborreciendo la actitud cobarde del muchacho.

Dios se dirige a Eva, y con un dedo inquisidor la señala.

—Te condeno mujer por desobedecerme. A partir de este momento dejarás de tener identidad y te someterás al hombre; parirás cada uno de tus hijos con dolor y vagarás por el mundo sin encontrar consuelo.

Eva llora desesperada; no puede comprender semejante castigo. Ella sólo quería acceder al conocimiento... ¿Qué hay en ese conocimiento que les está vedado?

De la misma forma dios se dirige a Adán.

—Y tú, desagradecido, sólo obtendrás tu alimento con el sudor de tu frente. Los expulso a ambos de esta comarca. El pecado se ha hecho carne en ustedes y en cada uno de sus descendientes. Adán baja su cabeza avergonzado y enmudecido ante semejante castigo.

Y dirigiéndose a la serpiente.

—Y tú te arrastrarás para siempre asqueroso reptil.

La serpiente, que jamás le había dado autoridad a ese ser, hace una sonrisa sarcástica, gesto que enoja más aún a dios.

Hubo unos segundos de silencio que se hicieron eternos. Dios se da la vuelta y desaparece por el sendero. Adán y Eva se quedan allí, perplejos, sin saber qué hacer. Ambos están dando comienzo a la triste historia de una parte de la humanidad controlada por el miedo y la culpa.

Felizmente, en una comarca vecina, una mujer va a protagonizar otra historia.

Capítulo Cuatro

Lilith y la sexualidad femenina

Las mujeres de la aldea están acostumbradas a hacer los trabajos en cuclillas, agachándose y levantándose infinidad de veces al día. Esta actividad, como el nadar y el moverse con la danza del vientre, les permitirá una pelvis y un útero flexibles que, a la hora de parir, darán paso a la nueva vida con absoluta naturalidad.

Lilith conoce su cuerpo como cada una de esas mujeres. Sabe que el útero es un órgano que late y que, al igual que el corazón, palpita sin dolor; pero, a diferencia de éste, el útero solo empieza a latir con la excitación sexual y tiene la función de regular las relaciones entre los diferentes sistemas de los cuerpos, así como las relaciones con sus congéneres para mantener y reproducir vida. El útero late y se mueve en su cavidad pélvica como si fuese un pez. Ella sabe que la sexualidad es la expansión del placer. Y así lo vivencia cuando baila con sus amigas, cuando ríen, cuando tiene un orgasmo coital.

Cae la noche. Todas se reúnen alrededor del fuego y bailan la danza del vientre; las niñas intentan copiar los movimientos entre risas y gritos. Esta práctica se repite a diario. El contoneo de la pelvis les permite hacer circular su energía sexual y produce gran cantidad de oxitocina en sus cuerpos.

Lilith siente como la energía sube desde su sacro y se expande generando erotismo a medida que la recorre. Esto es parte de su sexualidad, cuya función primera es la regulación del organismo, condición indispensable para lograr la armonía en el cuerpo. Tal como se lo había explicado a Adán, su sexualidad no sólo se relacionaba con el falo.

Las mujeres de la aldea vecina se escurren entre los árboles para observar. Ellas admiran y envidian la libertad de esas otras que disfrutan de algo que les está vedado. Espían durante un corto tiempo ya que deben regresar; si alguien, en la aldea a la que pertenecen, se percatara de su ausencia serían castigadas severamente.

Solo una se atreve a quedarse: María Magdalena. Sus amigas tironean de sus ropas, desesperadas porque temen que la descubran.

—No se preocupen—dice ella—. Vuelvan ustedes; yo sé cómo regresar.

Las mujeres se van comentando lo desatinado de la actitud de su compañera.

María Magdalena se acerca hasta que queda expuesta a las miradas de las mujeres que participan de la danza. Lilith, al verla, se le aproxima y la invita a unirse a ellas. Sin dudarlo, se suma al grupo y comienza a moverse. En poco tiempo siente un calor placentero en su cuerpo y empieza a reír.

Exhaustas y felices las mujeres se sientan alrededor del fuego que mantienen encendido desde que llegaron al lugar. Una de ellas se dirige a la recién llegada.

— ¿De dónde vienes?

—De la aldea vecina.

— ¡Ah! —dice la interrogadora dirigiéndose a Lilith—, debe ser del lugar para los que eres un demonio.

Todas ríen estrepitosamente. María Magdalena, asombrada, dirigiéndose a Lilith le dice:

—Tú eres...

—Sí, soy Lilith.

—Pero no tienes aspecto de demonio.

—No —contesta Lilith—, pero para tu dios y los hombres de tu aldea represento el mal. En realidad no me temen a mí, les temen a las mujeres; por eso las someten. Es la única manera que encuentran para controlarlas.

— ¿Qué es lo que temen? —pregunta inquieta María Magdalena. En ese momento irrumpe en la reunión la Gran Madre quien contesta:

—Temen a nuestra sexualidad, nuestra capacidad de relacionarnos con el placer, nuestro autoerotismo, de ser multi orgásmicas, de tener partos placenteros. Temen nuestro poder.

— ¿Nos temen o nos envidian? —pregunta Lilith sarcásticamente.

—Ambas cosas. Por eso les hacen creer que la única sexualidad que existe es la coital y se relaciona exclusivamente con el falo. De esa manera las manejan a su antojo. Quieren placer —dice imitando un tono de voz masculino—, vengan a buscarlo aquí —y señala su entrepierna—. Y si no lo quieren, tampoco importa demasiado ya que consideran a las mujeres seres sin alma, animales que colaboran en la procreación como parte animal; y como está escrito en ese libro de leyes que ustedes tienen, como animales no son capaces de reprimirse como los hombres y por eso todas son consideradas unas zorras:"La mujer desvergonzada desconoce la vergüenza; la honesta tiene vergüenza aún de su marido. Eclesiástico 26,30. Ligera es toda maldad comparada con la de la mujer. Eclesiástico 25,26".

Las mujeres que escuchan atentamente las sabias palabras de la Gran Madre, se horrorizan.

—La realidad de las mujeres de nuestra aldea es lamentable— dice María Magdalena con un dejo de tristeza en su voz.

—Hay incontables realidades—dice la Gran Madre—, y todas ellas existen al mismo tiempo. Nosotros los llamamos universos paralelos —y dirigiéndose a la recién llegada le pregunta— ¿En cuál realidad eliges estar?

—En esta, ¡no tengo dudas! ¿Pero cómo hago para escapar de mi aldea? Me buscarán y pagaré con la muerte.

—La vida es un juego—dice la Sabia—, en el que existen riesgos; puedes asumir el riesgo y unirte a nosotras, donde estarás protegida por la comunidad. De hecho, morirás algún día defendiendo lo que amas, o convertida con los años en una Mujer Sabia. Si te quedas en tu aldea, también morirás algún día, pero allí solo tienes una opción: morirte de tristeza. Porque eso es lo que le ocurre a las mujeres que no escuchan su intuición y se someten: sus cuerpos muestran su angustia y su represión, sus úteros se hacen rígidos y expresan por ellas lo que ellas no pueden decir. De esa manera generan quistes, tumores… y se vuelven agrias, malhumoradas, depresivas. En tus manos está la oportunidad de elegir repetir la historia de tus antepasados o cambiarla. De hacer esto último no sólo sanarás tú, sino que también sanarás a tus ancestros y a tu descendencia. Y permíteme decirte algo—comenta la Sabia susurrándole al oído—: puedo ver que tendrás una hija y deberás huir para salvarla. Pero recuerda lo que hoy te digo: siempre estarán, tú y ella, protegidas.

María Magdalena, con los ojos llenos de lágrimas, se inclina frente a la Gran Madre y le toma la mano, ambas se miran. La joven siente que una energía poderosa penetra en su cuerpo. Ya no hay dualidad en ella.

—Por ahora—dice la Sabia Bruja—, es conveniente que sigas en tu aldea. Tú y tus hermanas pueden venir todas las veces que quieran y participar en nuestros rituales. Cuando llegue el momento de abandonar tu hogar, seguramente vas a recibir una señal. Estate atenta, escucha tu intuición, esa voz interior que todas las mujeres tenemos y que jamás se equivoca.

Aunque vuelve a su aldea, María Magdalena siente que ha comenzado el camino sin retorno hacia su libertad. Es cuestión de tiempo y de estar atenta, como aconsejó la Gran Madre.

Cuando llega, sus amigas la están esperando ansiosas y le recriminan la tardanza.

— ¿Estás loca? ¡Si se dan cuenta te van a castigar!

María las observa aún fascinada.

—Hermanas, ¡tenemos la posibilidad de salvarnos!—y pasa a relatarles lo vivido.

Temerosas, ellas expresan sus dudas, aunque la posibilidad de sentir lo que María Magdalena les cuenta, las atrapa.

—Podríamos vestirnos de negro para pasar desapercibidas en la noche.

— ¡Eso es!

—Yo coseré las capas para todas—dice la que en un principio se había mostrado más reticente a la idea. Las cinco mujeres empiezan a reír y se abrazan al ver la posibilidad tan cercana.

La noche siguiente, al atardecer, las mujeres se encuentran, se colocan las capas negras y deciden separarse para evitar que las vean. La caminata hacia la aldea vecina les lleva dos horas. Fácilmente divisan el lugar por el fuego encendido. Llegan y son recibidas con alegría por las mujeres locales. Se sacan sus ropas y quedan completamente desnudas. La Gran Madre precede la ceremonia; es un ritual ancestral para conectarse con la energía femenina.

Las mujeres, adolescentes, jóvenes y adultas, comienzan a moverse al son de los tambores. Un olor a copal invade el espacio. Una de ellas es la encargada de echar la resina a las llamas. El aroma es embriagador. La Gran Madre emite sonidos guturales; el resto la sigue. Con las piernas abiertas, se agachan y se levantan como tomando la energía de la tierra; los movimientos se tornan intensos, comienzan a jadear, una catarata de oxitocina se derrama en sus cuerpos. Es un placer sagrado, un encuentro con la propia sexualidad.

Poco a poco la intensidad de la energía desciende; cada una va encontrando su ritmo hasta aquietarse; quedan en cuclillas con su vulva rozando la tierra. Ante una seña de la Gran Madre, todas se levantan; ella se acerca y las limpia pasando un manojo de hierbas por sus cuerpos; es su manera de retirar energías discordantes. Están vibrando en la misma frecuencia y se sienten unidas por un hilo invisible e indestructible. Es el hilo que teje la trama del inconsciente colectivo femenino; ese espacio en el tiempo al que toda mujer puede acceder cuando se conecta con su poder interior.

Terminado el ritual se sientan sobre el pasto. Para las cinco mujeres es la primera vez que participan de una ceremonia femenina. No pueden contener la alegría y los comentarios.

—Nosotras creíamos que en sus rituales se sacrificaban seres humanos.

—O animales—agrega otra.

—Y que con nuestras prácticas le hacemos daño a los hombres dejándolos impotentes, ¿verdad?—completa Lilith.

Todas sueltan una carcajada.

—Estimadas amigas, si alguna de nosotras intentara hacerle daño a alguien, esa energía se volvería contra ella. Causa y efecto. Siempre podemos elegir qué hacer. Con nuestras acciones construimos la realidad; de nosotras depende nuestro destino. Por otro lado, en nuestra comunidad no existe lo que ustedes llaman mal; nuestros hombres nos respetan y nos valoran, y nosotras a ellos. En vuestro territorio sí es factible que una mujer quiera hacerle daño a un hombre porque es la forma que encuentra para defenderse de tanto atropello y maltrato, o para que no las abandonen; pero hay otra manera de responder frente a la situación.

— ¿Cuál? —pregunta una de las cinco.

—Se trata de un proceso…

—Pero mi esposo no es una mala persona—dice una de las visitantes—. A veces se pone muy nervioso cuando las cosas no salen como él pretende y eso lo altera mucho; él dice que no quiere maltratarme, que yo lo obligo a hacerlo porque cometo errores que son imperdonables. Y tal vez tenga razón, yo no soy una buena mujer; pero si me esmero puedo lograrlo.

—¿Lograr qué?—pregunta Lilith sin poder esconder su rabia.

—Lograr ser mejor…

— ¿Y para qué serías mejor?

—Para que él me quiera.

Lilith la abraza y todas se acercan para hacer lo mismo. Por primera vez la mujer se siente escuchada, contenida y llora de emoción.

La Gran Madre, se dirige a la mujer.

— ¿Cuánto vales?

—No entiendo —responde ella secándose las lágrimas.

— ¿Cuál es tu precio? —vuelve a interrogarla.

—No sé.

La Gran Sabia, acomodándose en el suelo, y mirando a todas, dice:

—El cerebro femenino posee capacidades únicas: una sobresaliente agilidad mental, la habilidad para involucrarse profundamente en la amistad, una condición mágica para leer las emociones en los rostros y en el tono de voz, la posibilidad de desactivar conflictos... Muchas mujeres no lo saben porque los vínculos emocionales y los lazos que establecieron con las primeras figuras protectoras, y que duran toda la vida, no le mostraron que eran valiosas, dignas de ser amadas. Volviéndose hacia la mujer, continúa: — Es por este motivo que tú sientes que vales poco, que tienes un precio muy bajo y que la mirada de un hombre, o las dulces palabras que te diga al oído de vez en cuando, te hacen sentir única.

— ¿Con tan poco se conforma? —pregunta una de las presentes.

—Si estuvieses desnuda en el medio de la nieve y alguien te alcanzara una manta, ¿la rechazarías? —dice la Gran Madre—. ¿Cuál es tu valor? —vuelve a interrogarla—. Y esa es una pregunta que tú necesitas responderte; y si la respuesta es: "No valgo nada" o "muy poco", busca el motivo de esa desvalorización. Recuerda que, si bien somos seres históricos, protagonistas de un relato que comenzaron a contar nuestros ancestros y que nosotras repetimos porque no conocemos otro argumento, también tenemos la posibilidad de crear una realidad diferente. La realidad es una creación permanente. Trabaja en ti para convertirte en la mejor versión de ti misma y dile basta a lo que ya no quieres en tu vida. Sal del papel de víctima que te hace explicar todo el tiempo de por qué te pasa lo que te pasa y asume el rol de protagonista. Mira hacia adelante, visualízate cómo quieres verte dentro de unos años y empieza a generar acciones que te permitan acceder a tu visión. Toda realidad comienza con un sueño. Y recuerda: cuando soplen vientos fuertes, aférrate al árbol que tenga las raíces más profundas y espera a que regrese la calma. El potencial de una mujer es infinito, ¡aprópiense de eso!

—Y la próxima vez —agrega Lilith con una sonrisa—, cuando un hombre se te acerque buscando comprarte con palabras bonitas, respóndele: "Dime algo de mí que yo no sepa".

El clima de la situación empieza a cambiar y todas se distienden. La Gran Madre, con gesto preocupado, vuelve a hablar:

—Amadas hijas, cuántas mentiras les han hecho creer en nombre del amor. Cuídense unas a otras ya que intentarán separarlas, dividirlas y para ello utilizarán la calumnia; harán que denuncien a sus hermanas tildándolas de fuentes del mal; crearán competencia entre ustedes y les harán creer que si sus cuerpos y sus rostros se mantienen bellos y jóvenes, tendrán más posibilidades de ganar. Y eso solo les generará angustia y frustración.

— ¿Qué podemos hacer para evitarlo Sabia Madre? —dice María Magdalena rompiendo el silencio que se había creado.

—Solo podrán hacerlo mientras se mantengan unidas y escuchen su voz interior. Recuerden: ustedes no le pertenecen a nadie, solo a sí mismas; defiendan su territorio, sus crías. Eso es algo que los hombres nos envidian, ya que ellos no tienen territorio propio como nosotras y deben salir a conquistarlo. Busquen a sus pares. Cuando alguien venga a hablarles mal de una hermana, pidan que les muestren hechos observables de lo que les están diciendo; si no pueden traerles hechos que fundamenten esos juicios, desestímenlos. En vuestras manos está la salvación de la humanidad. Necesitamos mujeres amorosas, madres contenedoras que escuchen al otro desde el corazón —y dirigiéndose a las cinco mujeres invitadas, les dijo—: vuelvan a sus casas, las esperamos mañana en la noche. Les enseñaré a hacer pócimas con hierbas para mantenerse saludables.

Las mujeres se abrazan y María Magdalena junto a sus cuatro amigas, luego de colocarse las capas negras, se interna en el bosque. Pasan los meses y las visitas a la aldea continúan. Una noche, el grupo de las cinco no aparece. Al poco tiempo, Lilith se entera de que María Magdalena está embarazada y ha huido con dos de sus amigas. Las otras se han quedado para distraer a los posibles perseguidores. Se lo cuenta a sus hermanas y todas festejan. La Gran Madre tenía razón, lo habían logrado.

* * *

La trágica muerte de su compañero, el padre de la hija que lleva en sus entrañas, sume a María Magdalena en una profunda tristeza. Amaba profundamente a ese hombre.

Sabe que no puede quedarse en la comarca porque en

poco tiempo se notará su embarazo. Debe huir lo antes posible. Y mientras se debate en sus pensamientos sobre cómo hacerlo, la imagen de él vuelve una y otra vez a su mente. De pronto ve que se acerca una figura humana que la llama por su nombre; María Magdalena deja de llorar y lo mira detenidamente. Él se acerca y ella reconoce sus facciones. Desesperada se aproxima, comprobando que es él. Conmocionada y no pudiendo creer lo que ve, lo abraza apasionadamente.

—Tú —dice ella.

Él le sonríe transmitiéndole una paz infinita. Ella se incorpora y coloca su mano muy próxima al corazón de su amado. Él deposita su mano derecha sobre el vientre de ella y con la izquierda toma la mano que su amada había puesto en su corazón. Transcurre un tiempo impreciso, mágico. La mujer siente la energía de ese hombre en todo su cuerpo y le llega, en un instante, la certeza de que todo es como debe ser y que tanto ella, como la vida que lleva en su vientre, estarán siempre protegidas.

Él baja sus manos, la besa en la frente y la mira profundamente a los ojos. Ella comprende que el verdadero amor trasciende lo físico y es atemporal. Él comienza a alejarse hasta que desaparece. Esa es la señal que necesita para saber que ya puede emprender el camino hacia su nuevo hogar.

Minutos después, María Magdalena va en busca de sus amigas y les pide que la ayuden a huir. Diseñan un plan. Dos de ellas deciden quedarse para no levantar sospechas y hacer que la partida de sus compañeras permanezca en secreto el mayor tiempo posible.

Llega la noche. Una de las mujeres busca tres caballos en el establo. María Magdalena y sus dos acompañantes se colocan las capas negras; las cinco se abrazan y no pueden contener el llanto. Las había unido el deseo de libertad y es ese mismo deseo el que hoy lleva a tres de ellas a alcanzarlo. Las que se quedan prometen reunirse con sus hermanas del alma apenas puedan hacerlo. Las tres mujeres montan los animales y parten a toda velocidad. Las otras dos las observan emocionadas; no saben que lo que les espera es el infierno.

Capítulo Cinco

Eva enfrenta su destino

Luego de ser expulsados de su aldea, Adán y Eva caminan hasta que encuentran una nueva comunidad donde vivir. Los integrantes de la comarca, que se rigen por leyes similares a las de su anterior hogar, reciben a la pareja sin hacerles preguntas comprometedoras.

Adán se une inmediatamente al grupo de lugareños que están arando la tierra. Su fortaleza, rayana en la brutalidad, hace que sea valorado por los hombres... y las mujeres.

Eva, a su vez, comienza a trabajar en un telar, al lado de un grupo de jóvenes que le preguntan sobre su relación con el hombre fuerte.

—Es mi prometido —dice—, y pensamos casarnos en poco tiempo.

La interrogan sobre el motivo que los ha llevado hasta su aldea.

—Teníamos referencias de que la tierra es muy fértil— contesta Eva, nerviosa, con la cabeza baja, temiendo que alguien descubra la verdad.

Esa noche la joven pareja descansa alojados en casas separadas.

Hasta que el casamiento se consuma, no les está permitido tener contacto físico.

En la mañana Eva va en busca de Adán y lo encuentra conversando animosamente con unas jovencitas. Los celos la enceguecen pero debe saber guardar los buenos modales como le ha enseñado su madre. Al verla, él la saluda con indiferencia, gesto que la llena de ira.

Eva procura mantenerse cerca de su futuro esposo; teme que alguna de esas mujeres intente quedarse con él; ella hará lo que sea necesario para que eso no ocurra.

Una noche lo ve salir con un grupo de jóvenes.

— ¿Sabe a dónde se dirigen los hombres? —pregunta a la dueña de la casa.

—Tú sabes… — responde ésta con una risa insidiosa—. Los hombres necesitan sacarse las ganas y para eso buscan a las mujerzuelas que están en las afueras. Pero no te preocupes, tú eres la oficial y eso es lo único que debe importarte.

Eva no puede contener su enojo y estalla en un llanto.

—Te acostumbrarás querida, te acostumbrarás…—le dice la mujer dándole unas palmaditas en la espalda.

A la mañana siguiente lo ve a Adán acompañado por una bella mujer. La actitud seductora de la joven vuelve a enfurecer a Eva; más aún cuando observa que él responde a las insinuaciones de ella tocándole el cabello. Se acerca y con una sonrisa infantil comenta algo sobre el clima. La joven, al darse cuenta de la presencia de Eva, se retira con una excusa.

Eva, sin poder seguir ocultando su ira, le reprocha a Adán lo que ha visto. Adán dice que ambos estaban conversando como amigos y que ella ve fantasmas. Eva se enoja y se va. Esa noche esconde su llanto tapándose la cabeza con la almohada. Apenas amanece va a pedirle disculpas a su prometido asegurándole que no va a volver a pasar. Él acepta las disculpas y se reune con los otros jóvenes para comenzar con la jornada de trabajo.

Las mujeres se organizan desde muy temprano para ir a recoger semillas. Eva participa del grupo con alegría; busca caerles bien y se muestra muy servicial con todas. Mientras conversan, una de ellas le comenta por lo bajo:

—Es aquella—señalando a la bella mujer con la que Adán había estado hablando el día anterior.

— ¿A qué te refieres? —pregunta Eva, haciéndose la distraída.

—Esa que está junto al telar es la hembra que se quiere quedar con tu prometido—dice la mujer con un tono artero.

—Adán es incapaz de engañarme con otra mujer—contesta Eva, escondiendo su furia.

Todas ríen.

—Como se ve que no conoces a los hombres—dice una.

—Y a ciertas mujeres —agrega otra en un tono sarcástico.

Eva las mira fingiendo estar calmada.

—En un mes Adán y yo nos casaremos y seremos felices para siempre—y continúa haciendo su labor sin mirarlas mientras entona una canción, como signo de su despreocupación por el tema.

Al atardecer, en la casa, comenta que no quiere comer, que tiene un fuerte dolor en el estómago. Se acuesta. Tratando de contener las lágrimas, se consuela pensando que falta poco tiempo y que todo va a estar bien.

Llega el día de la ceremonia nupcial. Eva se siente feliz. Sus compañeras la asisten ayudándola a ponerse su vestido de novia y peinándola. Su madre, que había venido de la comarca vecina, le coloca una flor en el pelo. Luce radiante. Hoy se entregará en cuerpo y alma al ser amado, quien la hará suya para siempre.

A Adán le cuesta despertarse. Estuvo hasta la madrugada bebiendo con sus amigos y divirtiéndose. Uno de ellos lo tira de la cama diciendo que se hace tarde. Se levanta a regañadientes. Lentamente se viste. Al salir, la luz del sol lo enceguece.

El altar ha sido preparado con ramas y flores recogidos por las niñas. Un sacerdote oficia la ceremonia. Adán y Eva se encuentran parados uno al lado del otro mientras mujeres y hombres hacen comentarios por lo bajo, detrás de la pareja.

El sacerdote, luego de decir unas palabras iniciales, se dirige a Eva.

— ¿Aceptas por esposo a Adán y prometes amarlo y cuidarlo, en la salud y la enfermedad, hasta que la muerte los separe?

—Sí —contesta ella eufórica.

El sacerdote repite la pregunta a Adán.

—Sí —responde él, secamente.

Se colocan los anillos.

—Los declaro marido y mujer —dice la suma autoridad—. Y que el hombre no separe lo que nuestro dios ha unido.

Celebran con un gran banquete que las mujeres prepararon durante los días previos a la boda. Bailan, comen, ríen. Las mujeres casadas la llevan aparte a Eva para aconsejarla sobre la relación sexual que, en pocas horas, tendrá con Adán.

—Imagino que eres virgen —dice una, entendiendo erróneamente por virgen la mujer que no ha tenido relaciones sexuales (originalmente la palabra virgen hacía referencia a la mujer que celebra la libertad sexual, sin quedar embarazada).

—Por supuesto—se apura Eva a responder.

—Entonces, querida—dice otra con rostro avinagrado—, te va a doler.

—Y vas a sangrar—interrumpe otra.

—Eso sí—comenta una tercera—, no te muevas, que no vaya a pensar que tienes alguna experiencia.

—Oh, por dios—dice una anciana, mientras se persigna al escuchar esto.

Eva se asusta. Jamás había hablado del tema con su madre ni con nadie. Su único recuerdo sexual era el pecado cometido en los primeros tiempos, cuando conoció a Adán. Pero ya lo había purgado; sin embargo, en muchas ocasiones aparecían las imágenes en su mente causándole vergüenza y culpa.

—Debes ser una buena mujer—le ordena una sacándola de sus pensamientos— y estar al servicio de tu esposo, no lo olvides.

Eva asiente, con cierta preocupación.

Entrada la noche, Adán y Eva se retiran a la casa que compartirán como matrimonio. Luego de quitarse el vestido de novia se coloca un camisón largo y se tiende en la cama; está asustada. Adán se desnuda y sin mediar palabras se acuesta sobre ella y comienza a besarla de manera intempestiva. Ella no se mueve, en realidad no sabe qué hacer. Siente que su cuerpo es un témpano de hielo. "¿Cómo puedo estar de esta manera si yo amo a este hombre?", se pregunta angustiada.

Él no repara en ella sino que se deja llevar por sus instintos. Le levanta el camisón e intenta penetrarla; la vagina de Eva está cerrada y no se lo permite. Adán se enoja y con furia le abre más aún las piernas y lo vuelve a intentar. Ella da un grito de dolor y acto seguido, avergonzada, le pide perdón. Él continúa hasta lograr la penetración mientras le aprieta los senos con agresividad. Ella cierra los ojos ahogando un nuevo grito. Los movimientos de él son cada vez más rápidos, hasta que se produce la eyaculación. Agitado se retira y se tiende de espaldas. Eva abre los ojos. "Es peor de lo que me contaron, piensa, pero lo hice bien, cumplí con lo que me dijeron. Soy una buena mujer", y se voltea hacia Adán esperando una palabra de aprobación. Él está profundamente dormido. Ella empieza a llorar y no de alegría precisamente.

Eva se levanta al alba y prepara el desayuno. Cuando Adán se presenta en la cocina, ella lo saluda tímidamente, con cierta vergüenza; él responde al saludo de manera cortante y se sienta a la mesa. Come y bebe. Se levanta para irse y la mujer pregunta si regresará para el almuerzo; él dice que va a quedarse en el campo; ella le ofrece llevarle la comida; él acepta. Se le acerca y le da un beso en la mejilla; él responde con una sonrisa a medias.

Al rato Eva se une al grupo de mujeres que están en el telar, quienes murmuran cuando la ven, haciendo comentarios en voz baja.

— ¿Cómo te fue anoche? —pregunta una mostrando curiosidad. Y se agregan las voces de otras pidiéndole que cuente.

—Bien —contesta la joven ruborizada.

— ¿Y qué más? —quiere saber la interrogadora—. Cuéntanos qué pasó.

Eva balbucea algo que no alcanzan a entender.

— ¿Te dolió? —pregunta una de las adolescentes. Ella asiente con la cabeza.

—Te acostumbrarás, querida —interviene una de las ancianas—. Llegará un día en que él deje de molestarte; mientras tanto tienes que cumplir, sobre todo porque debes quedar embarazada. Si le das un hijo varón lo harás muy feliz.

Quedar embarazada se convierte en el único objetivo de Eva, objetivo que también le produce miedo dada la poca información que tiene del tema. Cada noche soporta estoicamente la penetración de su marido que descarga en ella toda la fuerza de sus instintos. La escena se repite una y otra vez; él la penetra, ella se muerde los labios; él acaba en su vagina, se voltea y se duerme. A ella la invade la tristeza. No entiende el por qué de su angustia. Todo está bien, se casó con el hombre que ama, tiene un hogar… debería estar feliz.

Llega la mañana y Eva renace. Prepara el desayuno como todos los días. Adán se levanta y se le acerca por detrás y le acaricia el cabello. Ella se da vuelta sorprendida y lo mira.

—Quiero que me des un hijo varón—le dice él con una sonrisa.

Adán desea completar su patrimonio: ya tiene su casa, sus animales, su mujer…; solo le falta un hijo para continuar con su descendencia. Ella sonríe de manera forzada. Desde hace meses espera quedar embarazada sin poder lograrlo. Llega a pensar que puede tener algún problema o quizás sea el castigo por haber desobedecido a su dios en aquel momento; o por haberse masturbado. Cuando Adán se va, llora desconsoladamente.

Decide ir a ver al sacerdote de la aldea, el que le propone que haga una promesa a su dios, algo que a ella le cueste mucho y que, de concedérsele el deseo de quedar preñada, deberá cumplir. Eva promete que jamás, por ningún motivo, se volverá a enojar con su esposo. El sacerdote le da la bendición y la joven se va en paz.

Se avecina el invierno. Cada mujer está avocada a hilar y tejer para todos los miembros de su familia. Conversan, sentadas al sol. En ese momento aparece Lidia, una joven que se ha casado hace un año. Se sienta con el resto, bajando la cabeza, mientras el cabello le tapa el rostro. Eva nota que algo le ocurre y le pregunta. Lidia no contesta y luego de unos segundos comienza a llorar. Eva le corre el cabello de la cara y ve un moretón en su mejilla.

— ¿Quién te ha hecho eso? —pregunta consternada.

El resto se mira conociendo la respuesta.

—Fue él, quién si no…. —dice una, con resignación.

— ¿Quién es él? —interroga nuevamente Eva sin salir de su asombro.

—Mi esposo —contesta Lidia entre sollozos—. Anoche llegó ebrio, dijo que la casa estaba desordenada y me golpeó.

— ¿Pero por qué no mantienes la casa ordenada si sabes que a él le molesta? —le recrimina una de las mayores.

—De todas maneras ese no es motivo para que la golpee —dice Eva enojada.

—Ya no sé cómo actuar —continúa Lidia—, todo lo que hago le parece mal y termina castigándome.

— ¿Has ido a ver el sacerdote para pedirle consejo? —pregunta Eva.

—Sí—dice Lidia—, le dije que ya no puedo más, que quiero alejarme de él pero me dice que yo no puedo separar lo que dios ha unido, que debo orar y pedir por su alma para que la luz lo ilumine, que esto es una prueba de fe para mí.

Algo dentro de Eva quiere decirle que huya, que ella no lo merece, pero se calla. Sabe por propia experiencia que el precio que se paga por transgredir las leyes es muy caro. Abraza a Lidia hasta que ésta deja de llorar.

Al cabo de unos meses, Eva se da cuenta que está embarazada. Con alegría se lo trasmite una noche a Adán. Éste, que iba a comenzar con su rutina sexual, se aparta, le dice que ahora deberá cuidarse y luego se duerme. Eva va a cumplir su sueño: darle a su amado esposo un hijo. Ahora deberá mantener la promesa que le hizo a su dios.

—Vale la pena—dice en voz baja, instalando en el lenguaje una manera de relacionarse con lo bueno a través de una situación dolorosa.

Adán comienza a espaciar sus relaciones sexuales con Eva, aduciendo su temor de hacerle daño. Eva, por un lado, siente un enorme alivio y por otro sospecha que puede haber otra mujer. Cuando Adán sale hacia el campo, una mañana, lo sigue. Observa que él entra en una casa y ella aguarda, escondida detrás de unos árboles. Poco tiempo después, lo ve salir acomodándose su ropa. Cuando él desaparece, ella toca la puerta de la casa y, para su sorpresa, sale aquella mujer a la que una vez había visto intentando seducir a su esposo. La mira enfurecida y se va. Regresa apresurada. Una vez en su hogar llora golpeando sus puños contra una almohada. Esa mujer es la culpable de que Adán ya no sea el mismo con ella, esa mujer debe haberlo endemoniado como la anterior, y nada podía decirle a su hombre porque había hecho una promesa ante dios.

Angustiada va a ver a Lidia, con la que ha entablado una amistad, para comentarle lo ocurrido. Lidia le sugiere que visite a una anciana que se encuentra en las afueras y que hace hechizos;

ella logrará que esa mujerzuela desaparezca. Sin pensarlo, Eva se coloca un abrigo y sale.

La casa de la supuesta hechicera tiene un aspecto lúgubre. Eva golpea la puerta, que se abre dejando entrever a la anciana sentada frente a un pequeño fuego.

—Adelante—dice la mujer—, ¿qué es lo que te trae hasta aquí?

Eva le cuenta su pena. La anciana tira unas piedras en el suelo y evalúa la forma en que se acomodan.

—Esa mujerzuela—dice—, le ha hecho un hechizo a tu esposo para retenerlo con ella y pretende separarlo de ti. Vas a tener que actuar pronto si no quieres perderlo.

— ¿Qué debo hacer? —pregunta Eva desesperada.

—La vamos a alejar y a él lo amarraremos a ti, para que nunca te abandone —esa última frase suena mágica para Eva.

—Que nunca me abandone—se dice a sí misma.

A continuación, la hechicera le da todas las indicaciones:

—Cose una muñeca con una tela; rellénala con sal y con un papel donde diga el nombre de su amante. Debes escribirlo con la sangre de un animal muerto. Luego le vas a clavar, en la zona de la vagina, una espina de ricino[3]. Quémala de noche, con la luna en cuarto creciente. Y para amarrarlo a él, córtate las uñas y forma con ellas un polvo. Colócalo durante siete días en el vaso donde él beba. Sácale un pequeño mechón de cabello y un poco de vello de tu pubis, ponlos en una bolsa de tela roja y entiérralo en tu casa.

3- **El Ricino (Ricinus Communis).** *Se trata de un arbusto de tallo grueso y leñoso, cubierto de espinas y púas. Las semillas de su fruto son muy tóxicas y pueden provocar la muerte.*

En los días siguientes, Eva sigue las indicaciones de la hechicera. Al cabo de un mes, Adán comienza a tener relaciones coitales más seguido con ella. Ahora, luego de cada orgasmo de su esposo y una vez que él se duerme, ella sonríe satisfecha. Adán volvía a ser suyo. Por rumores se entera de que su amante se ha ido. La hechicera tenía razón. Nadie supo que la supuesta mujerzuela decidió dejar a Adán porque conoció a un aventurero que la invitó a acompañarlo en sus viajes por el mundo. Obviamente, la propuesta de este señor le resultó más interesante que el intercambio sexual con Adán.

El vientre de Eva crece y su expectativa también. El frío llega y las mujeres comienzan a reunirse en casas de unas y otras. Esa tarde Lidia no aparece. Eva se preocupa y decide ir a buscarla a su morada. La encuentra tirada en el piso, muy golpeada y sangrando. Comienza a gritar pidiendo ayuda.

Hombres y mujeres acuden. La colocan sobre su cama. Lidia agoniza y su marido ha desaparecido.

Pasan las horas. Llega el sacerdote y la da la extremaunción. Las mujeres lloran, algunos comentan que no parecía que ese hombre tan divertido y afable fuese capaz de hacer algo así. Eva, mientras tanto, se culpa por no haber intervenido, por no haber salvado a su amiga. El entierro de Lidia sume al pueblo, sobre todo a las mujeres, en una profunda tristeza.

Lidia había cumplido con el mandato: no separar lo que dios ha unido. Por eso será premiada con el cielo, con la vida eterna. Pero esto a Eva no la consuela.

Capítulo Seis

Lilith y la Inquisición

El tiempo transcurre en paz en la aldea. Lilith visita cada día a la Gran Madre para tomar de ella sus conocimientos. Se vuelve muy hábil en el uso de las hierbas para la salud y en la preparación de la ayahuasca, una planta alucinógena utilizada para acceder a la parte de la mente que conscientemente está vedada, esa parte donde se albergan las sombras, aquello que limita, que confunde; ese enemigo interno que puede sabotearnos en el momento menos esperado.

La Gran Madre sabe que, con los años, Lilith se convertirá en una Bruja Sabia. Es rigurosa con su entrenamiento y su discípula responde cada vez con mayor seguridad.

Las dos mujeres están conversando cuando irrumpe, sorpresivamente, una de las compañeras de María Magdalena.

—¿Qué haces aquí?—pregunta Lilith—. Es de día y podrían verte.

—Estamos en peligro hermana —contesta la mujer agitada—. No sólo nosotras, tú también.

La Gran Madre se adelanta.

—Habla—le ordena.

La mujer cuenta que llegó a sus oídos el rumor de que dos hombres, dos monjes dominicos, escribieron un tratado llamado Malleus Maleficarum.

— ¿Y qué ocurre con eso? —vuelve a preguntar Lilith.

—Es el llamado Martillo de las brujas, una especie de manual donde se dice cómo proceder con aquellas mujeres que son consideradas brujas.

— ¿Y a quienes consideran brujas estos sabios señores? —indaga Lilith con su característico sarcasmo.

La mujer, más aquietada, se sienta y explica:

—A todas aquellas mujeres que no acepten la ley de dios y que realicen prácticas que no estén incluidas en esas leyes.

—Como nuestras prácticas, por ejemplo—continúa diciendo Lilith ofuscada.

—Ellos sostienen—prosigue la mujer—que toda la brujería proviene del apetito carnal que en las mujeres es insaciable y que somos más frágiles que los hombres, más crédulas, más propensas a la malignidad y embusteras por naturaleza.

—Más débiles... —repite Lilith soltando una carcajada— ¡Quisieran ellos tener nuestra fortaleza!

—Dicen además—continúa la visitante—, que el pecado que nació de la mujer destruye el alma al despojarla de la gracia y que todos los reinos del mundo han sido derribados por mujeres.

— ¡Hipócritas!—grita Lilith—. Son ellos los que sintiéndose débiles quieren someternos para adquirir poder; son ellos los que han establecido reglas morales absurdas, insostenibles y que sólo sirven para controlar. Las personas les temen, por eso obedecen... y hablan de amor al otro y amor a su dios porque estoy segura que esto lo hacen en nombre de su dios. ¡Necios!

La Gran Madre hace una seña a la mujer para que siga hablando.

—Según este tratado, una mujer que es hermosa en apariencia contamina al tacto y resulta mortífero vivir con ella. Aseguran que tenemos tres vicios: la infidelidad, la ambición y la lujuria.

— ¿Por qué hacen esto? —pregunta Lilith a la Gran Madre.

—Pregunta mejor ¿para qué? —y continúa—. Lo hacen para tapar sus propios deseos. Cuando se reprimen las necesidades sexuales, como en el caso de esto monjes, las personas se vuelven agresivas y muchas veces descargan su ira sobre el objeto de su deseo. No es natural que un hombre, por más votos que haga, anule su deseo sexual. Quieren utilizar la razón para manejar algo que es instintivo, biológico. Lo logran, pero ya ven el precio que pagan, mejor dicho, que pagamos nosotras.

—Bien —dice Lilith—, pero tendrán que demostrar que lo que hacemos provoca daño.

—Lilith—dice la Gran Madre—, no estás entendiendo que el fin que persiguen con esto no es únicamente difamarnos; están buscando una excusa para destruirnos.

—Y lo peor—dice la visitante—, es que el rumor es suficiente para llevar a una persona a juicio y que si su defensa es demasiado vigorosa, esto evidencia que el defensor está embrujado. También tienen reglas para prevenir que las autoridades sean embrujadas y el consuelo de que, como representantes de dios, los investigadores están protegidos de todos los poderes malignos.

—De todas maneras, somos muchas las mujeres para hacerles frente —asevera Lilith con cierto alivio.

—Lamento informarte Lilith—dice la Gran Madre apenada—, que las mujeres de esta comunidad podrán hacerlo, pero ¿qué ocurrirá con aquellas mujeres que se encuentran bajo sus leyes, que nunca tuvieron una relación amorosa satisfactoria, sufriendo las consecuencias de la abstinencia o la falta de gratificación? Esas serán impulsadas también por el odio y la envidia y se convertirán en enemigas encarnizadas de sus pares.

Se produce un silencio gélido. La Gran Madre tiene la mirada perdida, observando más allá. Luego de unos minutos habla:

—Veo fuego, escucho gritos... Deberán ser muy fuertes, el enemigo es atroz; se requerirá de mucho valor para hacerle frente y volviéndose a Lilith, le habla al oído: — Tú eres la elegida para recuperar el poder femenino.

Un escalofrío recorre el cuerpo de la joven. Se siente honrada por lo que escucha pero no puede dejar de preguntarse como saldrá de esta historia que le toca protagonizar... O si va a salir.

— ¿Qué debo hacer? —pregunta Lilith con firmeza, sin dejar que la duda se apodere de ella.

—Por ahora aquietarte —contesta la Sabia—. Come solo frutos y hierbas hasta mañana en la tarde; allí haremos una ceremonia de la ayahuasca para que puedas enfrentar tus enemigos internos. Solo así podrás vencer a los externos.

—No tengo enemigos internos —contesta Lilith muy segura.

—Lo averiguaremos —dice sonriendo la Gran Madre.

—Y tú —dirigiéndose a la visitante—, regresa y no vuelvas por un tiempo; y si necesitas ayuda, háznoslo saber de alguna manera. Las mujeres se toman de las manos, sonríen dándose ánimo y la visitante comienza a caminar perdiéndose en el bosque.

Cuando llega a su aldea, su compañera la está esperando, mostrando miedo en su rostro.

— ¿Qué ocurre? —pregunta la recién llegada.

—Van a ir a buscar a Lilith, alguien hizo una denuncia al Tribunal de la Santa Inquisición.

— ¡No! —contesta la mujer consternada—. Debo avisarle. Si la toman como prisionera no se salvará y será quemada en la hoguera —ambas se abrazan dándose fuerza.

La mujer vuelve a colocarse su capa y sale. Dos hombres le cierran el paso.

— ¿Qué sucede? —pregunta sorprendida.

—Tú y tu amiga están detenidas—dice uno de los hombres. La otra mujer, que escucha las voces, sale.

— ¿De qué se nos acusa?

—Ya te enterarás—contesta el hombre tomándola de un brazo y empujándola hacia adelante. Aparece un tercero que se encarga de atarles las manos a ambas.

Las obligan a caminar con paso rápido. En el camino, las mujeres de la aldea se asoman por la ventana de sus casas para observarlas.

— ¡Lo tienen merecido por herejes!—grita una.

— ¡Por blasfemar contra nuestro dios y pactar con el demonio! —agrega otra.

— ¡Promiscuas! —grita una que se encuentra más alejada.

Las dos prisioneras mantienen la cabeza erguida sin saber hacia dónde las llevan.

Les vendan los ojos, las suben a un caballo y cabalgan durante un tiempo que para las mujeres se hace eterno. Llegan a un lugar donde las bajan del animal y les retiran las vendas de los ojos. Luego las conducen hacia una habitación de paredes húmedas y las sientan bruscamente a cada una en una silla. Los tres hombres se colocan a un costado y entra un monje. Con un gesto adusto y despectivo les toma una declaración en forma individual, preguntándoles por su familia, su origen... De a una las mujeres contestan. La siguiente pregunta se refiere a si son católicas practicantes, a lo que ambas mujeres contestan que sí. La tercera pregunta es clave: el clérigo, mirándolas fijamente, indaga si saben el motivo por el cual fueron llevadas allí. Ambas, una primero y otra después, contestan que no. El inquisidor vuelve a preguntarlo. Las mujeres dan la misma respuesta. Firmemente el hombre hace la pregunta por tercera vez, volviendo a escuchar una respuesta similar por parte de las detenidas. Ellas no saben que si una acusada, al hacerle esta pregunta tres veces, persiste en la respuesta negativa, se la declara falaz y comienza el verdadero proceso.

El Inquisidor hace una seña a los hombres para que se lleven a las mujeres. Ambas son obligadas a salir de la habitación.

— ¿Dónde estamos? —pregunta una de ellas, asustada.

—En la Cárcel del Secreto—le susurra uno de los hombres que se le acerca por detrás, mientras le mete la mano en el escote del vestido y le aprieta un pecho.

Los otros dos sueltan una carcajada. Ambas mujeres se miran. Cada una puede percibir de la otra el miedo aterrador que la recorre. Permanecen calladas. Son llevadas a una celda. Cuando quedan solas, las dos amigas se abrazan y lloran desconsoladas. Sus cuerpos tiemblan presintiendo lo que vendrá.

Al alba, son despertadas por los gritos de uno de los verdugos.

— ¡Levántense, bastardas! —les dice mientras las mueve furiosamente con un pie.

Las dos mujeres se incorporan y son llevadas nuevamente a la habitación húmeda para iniciar la indagación. El inquisidor entra, pomposamente ataviado, y con aires de soberbia.

—Estimadas... —y haciendo una pausa, continúa— señoras. El motivo por el que se encuentran en este lugar es porque nos ha llegado la denuncia de que se las ha visto escaparse por las noches para reunirse con brujas, en el bosque, participando de rituales satánicos.

— ¿Quién ha dicho semejante disparate? —pregunta enojada una de ellas.

—Discúlpeme —dice el monje con sarcasmo—, se dice el pecado pero no el pecador.

—Nosotras jamás participamos de ese tipo de rituales —contesta la otra mujer.

—Cómo creerles —dice el Inquisidor—, ustedes las mujeres tienen fama de fabuladoras; detrás de esa apariencia de ángel se esconde un ser pérfido y lujurioso. Pero a mí no me engañan; conozco a Satanás y sus artimañas.

La primera que había hablado mueve la cabeza como no pudiendo entender.

—Si piensa que vamos a responder lo que usted quiere, está equivocado; nosotras no hemos hecho algo que perjudique a otros.

— ¡Claro que sí! —grita el monje enfurecido—. Se han apartado de las leyes divinas, han blasfemado contra dios y serán castigadas.

—Qué importancia tiene lo que confesemos —dice la mujer, viendo que es imposible lidiar con ese personaje tan necio y cruel. Y agrega:— Para usted ya somos culpables por el solo hecho de ser mujeres.

El monje camina lentamente alrededor de ellas, pensando lo que va a decir:

—Qué pena que no hayan elegido, como otras congéneres, aceptar las leyes y hacer lo que deben. ¿Saben ustedes el precio que tendrán que pagar por eso? —y soltando una carcajada sale de la habitación.

* * *

Promediando la tarde, Lilith se dirige a ver a la Gran Madre. Ha preparado su cuerpo para iniciar un viaje profundo y revelador a su mundo interior. Cuando se encuentran, ambas se saludan y la Sabia le pide que se siente sobre la hierba fresca. Lilith cierra los ojos y comienza a respirar profundamente. La anciana humea a su alrededor con copal mientras entona un canto. Pasados algunos minutos, se dirige a su aprendiz.

— ¿Estás lista? —pregunta.

—Sí, lo estoy—contesta ella, abriendo los ojos y mirándola fijamente.

La Sabia le da de beber un brebaje preparado con ayahuasca, tomando también ella un sorbo.

—Vas a emprender un viaje hacia tu interior en busca de la sombra—le dice con voz firme y baja—; yo voy a asistirte cuando lo necesites; quédate tranquila...no estarás sola.

—Ahora acuéstate —le ordena.

Lilith se recuesta y en minutos comienza a percibir figuras de colores que se van presentando en su mente. Son agradables, la relajan. Siente que avanza por un túnel donde hay mucha luz e imágenes psicodélicas. A lo lejos escucha el canto de la Gran Madre que la acompaña. De pronto se ve pequeña, jugando con un grupo de niños junto a su hermana. Su risa se une a la de los demás. En un instante todo se oscurece y un ave negra, gigante y aterradora, aparece en el cielo. Todos corren asustados; ella busca a su hermana y no la encuentra; se desespera. El cuerpo de Lilith comienza a moverse compulsivamente; de su garganta salen gritos de horror.

La Gran Madre agita una especie de llamador armado con vallas y semillas. Lilith sigue dentro de la escena, en su cuerpo de niña; a lo lejos ve a su hermana y corre desesperadamente a buscarla. El ave, con sus garras, levanta a Eva por el aire.

— ¡Detente! —grita Lilith. Sus ojos se cruzan con los del ave.

— ¡Pelea conmigo, imbécil!—le vuelve a gritar. El ave suelta a la pequeña, la que queda en el suelo desvanecida y se para frente a Lilith, quien tiene nuevamente el cuerpo de adulta. Extendiendo su mano derecha, le hace una seña al monstruo para que vaya hacia ella. Están de pie frente a frente; el tamaño del pájaro es dos veces superior al de la mujer.

—Me tienes miedo —dice la alimaña abalanzándose sobre su contrincante.

— ¡Jamás! —vuelve a gritar Lilith, sacándosela de encima con un gran esfuerzo.

En ese momento su cuerpo, que estaba tendido sobre la hierba, se incorpora y vomita. Vuelve a quedar de espaldas y nuevamente se interna en el ensueño. El animal y la mujer entablan una lucha feroz; la Sabia sigue acompañando a su aprendiz con su canto, algo que resuena en los oídos de Lilith y la alienta a seguir. Vomita una y otra vez y a medida que esto ocurre va perdiendo fuerzas.

—Mírate, ya no tienes poder —le dice el ave con una voz ronca.

Lilith se da vuelta y ve que su hermana comienza a levantarse. El animal también la ve y se dispone a devorarla. En un instante único, donde el tiempo parece detenerse, Lilith corre hacia su arco que está a un costado. Con una fuerza sobrehumana tensa la cuerda y apunta hacia el ave.

—Tú no tienes poder sobre mí porque yo no te doy autoridad —dice Lilith, enfurecida.

Se produce un silencio y, conteniendo la respiración, suelta la flecha y da precisamente en el corazón del animal, que cae estrepitosamente al suelo. Lilith corre a abrazar a su hermana.

—No temas—le dice—, volveré a buscarte.

Eva le sonríe y ambas comienzan a despegarse como si una fuerza superior las separase. Lilith ve nuevamente luz en el camino, es una luz de color violeta brillante. Aparece una habitación dorada y entra. En el interior, la figura de una mujer le toma la mano; siente mucha paz.

—Confía en tu poder Lilith y en la asistencia divina— murmura la imagen—. Has sido elegida para despertar a otras mujeres y asistirlas a recuperar su poder personal. Y lo harás por toda la eternidad.

— ¿Cómo lo haré, Señora? —pregunta ella.

—Mantente despierta, recibirás señales que te irán mostrando el camino... Confía.

Luego de unos segundos, Lilith abre los ojos; la Gran Madre, que permanecía sentada a su lado, le dice:

—Eres una guerrera y tu nombre será pronunciado por infinidad de mujeres como símbolo de poder. Lilith, agotada, sonríe.

—Mi hermana está viva y la voy a encontrar—balbucea, antes de dormirse.

Al día siguiente, Lilith se interna en el bosque con su arco y su flecha para practicar. Unos jinetes a caballo llegan a su aldea; hombres y mujeres salen de sus casas asombrados ya que no era común tener ese tipo de visitantes.

— ¿Dónde está Lilith? —grita uno de ellos.

Nadie contesta.

Bajándose de su caballo y sacando un cuchillo, toma a uno de los niños, colocando el filo de la hoja en su cuello. La madre y el padre del niño corren a salvarlo; ambos son tirados al piso por dos de los visitantes.

— ¿Dónde está esa mujerzuela? —vuelve a gritar el hombre mientras el niño llora de forma desgarradora.

Lilith oye las voces y comienza a correr hacia su aldea.

—Por última vez, si no me dicen dónde se encuentra esa hereje, lo mato.

— ¡Es a mí a quien buscas!—grita Lilith acercándose—. ¡Suelta al niño!

—Eso que haces es propio de cobardes—agrega con una voz burlona.

El hombre arroja al niño a un costado y va derecho hacia su acusadora.

— ¡Cuidado que está endemoniada! —le grita uno de sus secuaces.

El hombre se frena. Lilith suelta una carcajada. El resto permanece en silencio.

—Vendrás con nosotros sin ofrecer resistencia o prenderemos fuego a tu pueblo —le dice el hombre manteniendo cierta distancia.

— ¡Huye, Lilith! —le grita una de las mujeres antes de ser golpeada ferozmente por uno de los visitantes.

Lilith se da cuenta de que la gente de su aldea, por más que los superen en número, no solo no tienen armas sino que no saben pelear. Desesperadamente busca con su mirada a la Gran Madre. La encuentra; ambas se miran. Lilith comprende que ha llegado el momento. Suelta el arco y la flecha y camina lentamente hacia los invasores. Los observa uno a uno y ellos, temerosos de todo lo que se dice sobre esa mujer, esquivan su mirada. El que había tomado como rehén al niño, se le acerca y la ata con una cuerda, inmovilizando sus brazos. Busca otra soga, se la coloca al cuello y la amarra a su caballo dejando apenas un par de metros para que camine. La Gran Madre comienza a entonar una canción y el resto de las mujeres la sigue. Lilith las escucha y las lágrimas ruedan por su rostro. Sabe lo que le espera. Erguida, a pesar del tironeo de la soga de su captor, comienza a caminar con firmeza.

Nuevamente se internará en un camino oscuro, pero esta vez el enemigo será más despiadado.

Capítulo Siete

El encuentro

Eva siente que su vientre le pesa. De todas maneras realiza las actividades diarias y atiende a su esposo como corresponde. Estando en su casa, organizando las tareas domésticas, golpea la puerta una vecina.

—Ven Eva, le dice; vamos a ver a las herejes. La Santa Inquisición les va a dar un escarmiento a esas perras—agrega, mientras toma de la mano a la joven y la lleva hacia la calle principal.

Cuando llegan frente al ayuntamiento, se sorprenden al ver una jaula gigante, un armazón metálico que cuelga de una soga. Dentro de ella se encuentran las reas, con sus cuerpos semidesnudos, agotados y jadeantes, calcinadas por el sol.

La muchedumbre, apostada debajo, les grita insultos; sobre todo las mujeres. Eva, sin embargo, siente una enorme pena, sin entender muy bien por qué.

—Vámonos de aquí—le dice a su compañera.

En ese instante, la multitud se abre camino y aparece un hombre a caballo que viene arrastrando a una joven atada a una soga. Eva queda perpleja y su amiga le pregunta qué le ocurre.

—Ese hombre que viene a caballo es el esposo de Lidia, el que la mató —dice Eva angustiada.

Ambas mujeres quedan paralizadas, sin palabras. Las voces de la gente comienzan a aturdirlas.

— ¡Cuidado, es una bruja! Aparten a los niños porque los devora. Tiene el demonio en el cuerpo… —todos los juicios están dirigidos hacia la mujer amarrada al caballo: Lilith.

Eva la observa y siente un vuelco en su corazón; pero no es temor sino un sentimiento que no logra entender. Lilith levanta la cabeza y ve la jaula con las dos mujeres. Ellas, abrazadas a los barrotes, le devuelven una mirada de desesperación.

—Y esto lo hacen en nombre de su dios —piensa Lilith bajando la vista.

Custodiada por los cinco hombres, le vendan los ojos, la suben a un caballo y la conducen a la cárcel del secreto. Al llegar, igual que a sus compañeras, la sientan en una silla a la espera del Inquisidor. El monje entra, con su característico aire de superioridad, pomposamente ataviado y abanicándose por el calor que siente. Apenas la ve a Lilith, toma su crucifijo, mostrándoselo.

—¡Te advierto, hija del demonio, que conmigo no podrás ya que los poderes divinos me protegen!

—Ridículo—dice Lilith mirándolo con ironía.

—Era de esperar que de tu boca solo salgan blasfemias —responde el monje, ofuscado.

Ella lo mira directamente a los ojos y el monje baja la mirada. La joven se da cuenta de que uno de los hombres presentes tiene su arco y su flecha.

—Si tan solo pudiera alcanzarlo —piensa.

El hombre sonríe socarronamente adivinando su pensamiento.

— ¿Sabes manejarlo? —lo interroga ella.

La pregunta sorprende al hombre y a todos los presentes.

— ¡Por supuesto! —contesta él luego de unos instantes de duda.

— ¡Te reto a un duelo! —dice inesperadamente Lilith.

El hombre mira al Inquisidor, quien se adelanta.

—Aquí se hace lo que yo ordeno, mujerzuela. Y hora vas a confesar quién eres y de dónde vienes.

La joven respira profundamente, y luego dice:

—Soy Lilith, mi nombre significa aliento, nacida de un padre y una madre, como ustedes; pero, a diferencia de ustedes, acepto que las personas tienen la libertad de elegir en quién creer y qué hacer con sus vidas. Provengo de una comunidad que ama y respeta al otro, que no impone leyes ridículas como eso de *"amarás a tu dios por sobre todas las cosas"*, obligando a que las personas amen a un dios que los castiga, haciéndoles creer que es para su bien, para lograr que sean personas derechas y justas; que exigen honrar al padre y a la madre, padres que golpean a niños y mujeres, madres que hacen cumplir la ley del padre porque es lo que aprendieron.

— ¡Hereje! —grita el monje horrorizado por lo que escucha—. ¡Jamás serás perdonada!

— ¡¿Quién me va a perdonar?! ¿Usted? ¡¿Su dios?! —grita más fuerte Lilith, presa de la cólera—. Yo no busco su perdón, yo quiero que reparen todo el daño que están causando.

Fuera de sí, el Inquisidor le da un fuerte golpe en la cara y la mujer se desvanece.

Cuando Lilith despierta, está amarrada a una silla, inmovilizada. Del respaldo de ésta sale una cuerda que pende de una polea. Frente a ella hay un enorme tanque de agua. El verdugo jala de la cuerda, y la silla con la mujer atada, se eleva. Luego, el hombre suelta la soga y la silla se sumerge en el agua. Saben que una persona que permanezca sumergida más de tres minutos puede resultar con daños cerebrales por falta de oxígeno. El monje observa mientras se frota las manos con cierto nerviosismo.

Un notario es el encargado de registrar, por escrito, lo que diga la acusada; no sólo lo que la víctima confiese sino sus gritos, llantos, lamentos y pedidos de misericordia. Cuentan, además, con la presencia de un representante del obispo y un médico que proporcionará los cuidados necesarios después de la sesión de tortura.

Como la Gran Madre le había anunciado, Lilith estaba siendo asistida ya que, de todos los elementos de tortura avalados por la Inquisición, ese es el que ella puede dominar por su capacidad de respuesta.

Si bien la primera inmersión sorprende a Lilith, que ha despertado luego del golpe que el monje le ha asestado, una vez en el agua se siente en un medio conocido y que puede manejar. A los dos minutos, el clérigo hace una señal y el verdugo jala la cuerda, levantando la silla. Mirando a la mujer, que permanece con la cabeza baja, le pregunta:

— ¿Aceptas haber pactado con el demonio?

—Tú eres el demonio, rata inmunda —contesta Lilith, levantando la cabeza y con una mirada que aterra al monje.

— ¡Sumérgela nuevamente! —grita el Inquisidor al verdugo

y comienza a caminar de un lado a otro sin poder contener su ira. Desea matarla en ese preciso momento, pero no puede hacerlo ya que tiene que ser llevada a juicio. Por otro lado, hay un notario como testigo.

Tres minutos después el verdugo saca la silla del agua. El Inquisidor queda asombrado porque la mujer aún está consciente.

—No tengo dudas de que eres hija de Satanás, de otra manera no podrías soportarlo —y le pregunta nuevamente:

— ¿Aceptas haber pactado con el demonio?

Lilith, mirándolo fijamente, le escupe la cara. El monje brama de ira y ordena nuevamente al verdugo que la sumerja. A los cinco minutos, el perito le hace una seña al clérigo indicándole que ya es tiempo; éste, a regañadientes, da la orden al verdugo. Para sorpresa de todos, Lilith sale con su cabeza erguida.

—Les agradezco señores este tiempo que me han dado para pensar qué voy a hacer con ustedes —dice; y dirigiéndose al monje agrega:

—Sobre todo con usted. Bienvenidos a mi juego.

Los tres se miraran sin entender; el verdugo la desata y por orden del clérigo la lleva a rastras a una celda. El inquisidor, a pesar de sentirse protegido, duda al escuchar las palabras de la mujer. De todas maneras, su omnipotencia no le permite anticipar de qué ella es capaz. Pronto comprobará que Lilith no es una mujer común.

Cae la noche. Eva, mientras cena con su esposo, le cuenta sobre las mujeres castigadas.

—Bien merecido lo tienen —comenta Adán.

Ella no habla; sabe que esas mujeres pasaron todo el día al sol,

109

sin agua y sin comida; cuando Adán se duerme, se levanta sin hacer ruido, se cubre con una manta, coloca en una canasta un poco de pan, una botella de agua, y sale. Va al fondo de su casa y busca una horquilla hecha de madera que usa para bajar frutos de los árboles. Se mueve sigilosamente entre las sombras hasta llegar al lugar donde se encuentran las mujeres enjauladas. Con un chistido las despierta. Coloca la canasta en la horquilla y se las acerca; las mujeres, desesperadas, comen y beben.

— ¿Por qué lo haces? —pregunta una de ellas.

—No lo sé —contesta Eva.

—Podrían encontrarte y castigarte —dice la otra.

—No —contesta Eva—, está prohibido castigar a las embarazadas.

—Resistan —continúa—, mañana en la noche regresaré.

—Gracias hermana —dicen las mujeres con lágrimas en los ojos.

—Resistan, por favor —repite Eva emocionada.

Regresa a su casa y se acuesta. No logra dormir, la imagen de esas dos mujeres aparece en su mente; muy dentro de ella sabe que son inocentes y quiere ayudarlas; pero esa otra mujer, la que arrastraba el esposo de Lidia... ¿Sería realmente una bruja? ¿Habrá tenido relaciones con el demonio, como dicen? El sueño termina venciéndola y se duerme.

Esa mañana el pueblo se ve alterado con la noticia sobre el juicio que se le va a hacer, al día siguiente, a la bruja que habían atrapado. Todos saben que, quien va a juicio, no tiene salida. Confiese o no, la acusada será quemada en la hoguera, una de las ejecuciones preferidas de la Santa Inquisición. Creen que el fuego purifica el alma de la poseída, impidiéndose así que su maldad se propague entre los habitantes del lugar.

Lilith permanece en su celda, tendida de espaldas. Haciendo respiraciones profundas logra aquietarse y colocando en su mente la imagen de la Gran Madre, busca conectarse con ella, práctica que ambas habían realizado infinidad de veces mientras convivían en la aldea.

La Gran Madre despierta sobresaltada: sabe que Lilith está en peligro y necesita ayuda. Reúne a las mujeres de la aldea y les dice que deben buscar la manera de socorrerla.

—Pentesilea—sugiere una de ellas.

— ¿Quién es? —pregunta otra.

—La Reina de las Amazonas —dice la Gran Madre.

—Sí, he oído sobre ellas —agrega una tercera—, su ejército es imbatible, pero... ¿Cómo haremos para llegar al lugar donde se encuentra?

—Necesito que una de ustedes les avise. No puede ser un hombre, ellas lo matarían —dice la Gran Madre, decidida.

—Yo lo haré —se adelanta una de las jóvenes—, soy muy buena cabalgando.

—Te llevará dos días llegar —acota la Sabia.

—Nuestra hermana necesita auxilio y lo tendrá —dice la joven con valentía.

***

Eva, una vez más, luego de que su esposo se duerme, sale con bebidas y alimentos en su canasta para las mujeres que permanecen castigadas en la jaula; las dos lloran de alegría cuando la ven llegar. Se alimentan y beben, saludan a Eva afectuosamente y ésta escapa sin ser vista.

Llega el día del Juicio. Las personas se agolpan en el ayuntamiento desde horas tempranas. Se abren las puertas y una gran multitud entra y se sienta; el resto permanece de pie. El verdugo busca a Lilith en su celda. Éste lleva una capucha en la cabeza con dos orificios que le permiten ver. Toma enérgicamente a la acusada de un brazo y la levanta.

—Aunque te escondas detrás de esa máscara, te encontraré—lo increpa Lilith.

— ¡Camina!—le grita él mientras la empuja. Luego le venda los ojos y la sube a un caballo escoltado por otros hombres. Llegan al pueblo, la baja y le retira la venda al ingresar al tribunal.

Lilith observa a la gente reunida delante de ella. A un costado, sentado frente a una mesa, está el Inquisidor, un acompañante a cada lado que cumple la misma función, el fiscal y un secretario que labrará el acta del juicio. Un poco más lejos se encuentra el consejo de inquisidores formado por personas doctas, de alta posición social y oficial. Ellos darán su voto una vez concluido el interrogatorio a la acusada. El tribunal cuenta, además, con peritos en asuntos teológicos y religiosos, que intervendrian si el caso fuese difícil de resolver.

Mientras Lilith pasa su mirada por sobre los asistentes, se detiene frente a un hombre, al que reconoce inmediatamente. Adán también la ve y las imágenes se agolpan en su mente; esa mujer había marcado su vida como ninguna otra. Eva percibe la situación.

— ¿La conoces? —le pregunta a su esposo.

Él está absorto y no responde. Ella le toca un brazo y repite la pregunta. Adán vacila.

—No, no la conozco —contesta tartamudeando.

La voz del fiscal interrumpe la escena:

—Nos hemos reunido aquí para juzgar a esta mujer—y señala a Lilith—, a la que se la acusa de los siguientes cargos: pactar con el diablo y mantener relaciones carnales con él; raptar y devorar niños; promover y participar de orgías; curar a las personas con pócimas mágicas; adorar falsos dioses—y dirigiéndose a la acusada, le pregunta:

— ¿Cómo se declara usted?

Lilith, tomándose tiempo para mirar a cada uno de los representantes del tribunal, y volviendo su mirada al público asistente, con voz firme, contesta:

—Me declaro una mujer libre, dueña de mis actos, concebida y criada entre personas amorosas, incapaces de hacer daño a otro porque piensa o siente diferente, convencida de mi poder personal, atendiendo mis deseos, no sometida a un hombre por necesidad de reconocimiento o de bienes materiales.

—Le pregunto si se declara inocente o culpable de los cargos mencionados contra usted —la interrumpe el fiscal nervioso.

— ¿Qué importancia tiene mi declaración—prosigue Lilith—, si ustedes ya me han condenado? Si me declaro inocente, dirán que miento influenciada por ese enemigo al que ustedes tanto temen y que llaman Satanás, y que ustedes mismos inventaron— dice señalando a los inquisidores—, para sembrar el miedo entre todas estas personas y así poder controlarlos. Y mirando al pueblo, pregunta— ¿Tan ingenuos son que no se dan cuenta la moral absurda que les quieren hacer seguir a través de las llamadas "Sagradas Escrituras"? ¿Tan ciegos están que no pueden ver que se trata de una religión sustentada por el miedo y el castigo, religión sostenida por una institución corrupta y necia, protagonizada por cobardes e hipócritas disfrazados de santos?

Un murmullo generalizado llena la sala. Las palabras de Lilith resuenan en el recinto.

— ¡Silencio! —grita el inquisidor— Tú, hereje—dirigiéndose a la acusada—, no vuelvas a pronunciar palabra.

— ¿Y qué va a hacer usted para callarme? —pregunta Lilith al clérigo.

Éste se da vuelta y dirigiéndose al consejo, les habla en voz baja.

— ¿Qué hacemos con esta mujer? El demonio que la posee es muy poderoso; hizo que permanezca debajo del agua sin respirar durante un tiempo que es imposible de soportar para cualquier humano.

Uno de los integrantes del consejo le da la orden para que continúe.

—Prosigamos con los cargos —dice el fiscal por orden del Inquisidor.

—La primera acusación es pactar con el demonio y mantener relaciones carnales con él. ¿Hay alguien en esta sala que pueda demostrar lo contrario?

Lilith mira a Adán; Eva se da cuenta. Y una vez más, como en la escena en que se encontraba con su mujer frente al árbol del conocimiento, su cobardía lo supera y permanece callado. Lilith sonríe, pensando que esa actitud era de esperar.

—El segundo cargo es: devorar niños —dice el fiscal.

—Eso es cierto—interrumpe una anciana—. Hace muchos años, en la aldea a la que ella pertenece, desapareció una niña pequeña mientras jugaba con otros niños.

Lilith, enfervorizada se adelanta.

—Esa niña, a la que usted se refiere, era mi hermana y desapareció en el bosque una tarde; la buscamos desesperados durante meses sin poder encontrarla; llevaba puesto un colgante con su nombre, igual que yo—dice, mientras toma de su cuello el amuleto y lo muestra—. Y no se atreva a decir una palabra más al respecto —amenaza Lilith.

Eva, poniendo la mano en su pecho, toca su colgante. Cantidad de pensamientos vienen a su mente: su madre nunca le había hablado de su nacimiento y eludía hacerlo cuando ella la interrogaba. Durante años tuvo un sueño recurrente: se veía corriendo y riendo con otros chicos hasta que, de repente, todo se volvía oscuro y no recordaba nada más. Pero no podía ser posible; ¿será esa mujer su...? Queda horrorizada de sólo pensarlo.

El fiscal enuncia el tercer cargo:

—Promover y participar de orgías.

— ¿Alguien tiene algo para decir? —pregunta.

— ¿A qué llama usted orgía?—lo interroga Lilith—. Sería conveniente que lo explique ya que, quizás, muchos no entiendan el significado de la palabra. Algunos integrantes del público asienten con la cabeza.

—Bien—dice el fiscal—, se llama orgía a fiestas realizadas por varias personas, de ambos sexos, donde se experimentan todo tipo de placeres sensuales y, por sobre todo, sexuales—termina explicando el hombre mientras se seca con un pañuelo la transpiración de su rostro.

—Por lo que escucho—dice Lilith—, usted conoce el significado de la palabra; por lo tanto, confundir una orgía con nuestros rituales sagrados es sencillamente ridículo.

La fuerza y el coraje con el que Lilith se dirige a los presentes y su fama de bruja hacen que todos guarden silencio.

—Permítanme explicarles, entonces, qué es un ritual sagrado: desde muy temprana edad, las mujeres de mi comunidad, aprendemos que todas estamos unidas por un hilo invisible al que llamamos "inconsciente colectivo femenino". Todas las mujeres, y ustedes también señoras—dice Lilith dirigiéndose a las presentes—, estamos dotadas de la intuición, esa capacidad de poder percibir más allá de las formas, eso que hace que sintamos que una amiga o un familiar nos necesita antes de que nos lo comunique. Poseemos una sexualidad múltiple que no está dirigida a la relación con un hombre, únicamente. ¿Han reparado ustedes en el enorme placer que sienten cuando se reúnen con sus pares y conversan y ríen y bailan? ¿Han tomado la fuerza de la tierra haciendo que las atraviese y las llene de placer? ¿Se han conectado con cada centro de energía en el cuerpo limpiándolo, para luego activarlo? ¿Han participado en ritos de pasajes, de la niñez a la pubertad, de la adultez a la sabiduría? Todo eso es lo que hacemos en nuestros rituales…

— ¡Basta!—grita el Inquisidor—, no haces más que blasfemar.

Mientras el clérigo habla, la mayoría de las presentes queda extasiada observando a Lilith. Esta mujer les está mostrando una realidad que ellas no conocen, que su religión les ha vedado.

—¡Terminemos por favor con esto! —dice el Inquisidor. El

fiscal decide obviar un cargo y pasar al último: adorar falsos dioses.

Lilith suelta una carcajada. Todos se sorprenden.

— ¿Y ustedes hablan de falsos? —pregunta Lilith al Tribunal—. ¿Sabían que su religión ha tomado miles de nuestras diosas y, cambiándoles el nombre, se las presenta como propias? Por ejemplo: Brighit, a la que llaman Santa Brígida; Isis, a la que le dieron el nombre de Desatanudos... ¡Hipócritas!—grita Lilith.

La multitud queda desorientada ante semejante declaración. El Inquisidor, junto con el consejo, viéndose expuesto, decide dar por terminado el juicio. Lilith es declarada culpable y se anuncia que en cinco días será quemada en la hoguera. Le vendan nuevamente los ojos y es llevada a la cárcel del secreto.

Eva regresa a su casa con Adán. Ambos se sientan a comer en silencio hasta que Eva decide hablar.

—Es ella, ¿verdad?

— ¿A qué te refieres? —pregunta Adán, haciéndose el desentendido.

—Lilith... Es la mujer de la que estabas enamorado cuando nos conocimos, ¿verdad? —indaga Eva con tristeza.

—Si—contesta Adán, sin poder seguir ocultándolo.

— ¿Tú crees que es un demonio? —le pregunta Eva.

—No, no lo es—contesta él, luego de unos segundos.

— ¿Y por qué no se lo dijiste al Tribunal?

—No pude—contesta apesadumbrado.

Ella se levanta, se envuelve con una manta y sale.

— ¿A dónde vas? —le grita él.

—Voy en busca de la verdad —contesta Eva con una actitud que él desconoce.

Se sube a un caballo y Adán la ve perderse en el bosque.

Capítulo Ocho

Se hace la luz

Cuando aún es de día, y después de haber cabalgado durante largo tiempo, Eva llega a la casa de su madre, en la aldea vecina. Entra y la encuentra tejiendo. Se saludan con frialdad. Eva se sienta a su lado.

—No estuviste hoy en el juicio—dice Eva dirigiéndose seriamente a la mujer.

—No—contesta ella secamente.

— ¿Por qué?

—Porque no me interesa—dice sin levantar la cabeza.

Sin mediar explicación alguna, Eva solicita a su madre que le hable de su nacimiento.

—Otra vez con lo mismo—dice la mujer mostrando cierto enojo—. Ya te dije que no ocurrió nada relevante, que fue como cualquier nacimiento.

Eva le levanta el rostro con su mano:

—Me mentiste—la increpa—, yo no nací de tu vientre.

—Estás loca... ¿De dónde sacaste semejante barbaridad? —se indigna la mujer, mientras se incorpora abruptamente.

—Dime la verdad, madre, necesito saberlo—le implora Eva llorando.

La mujer también estalla en un llanto.

—Perdóname, hija, siempre quise lo mejor para ti...

Ambas se abrazan y permanecen así unos minutos. Luego la mujer le relata a Eva cómo la encontró. La joven escucha enmudecida.

—Tengo una hermana y en cinco días va a morir—dice.

La madre hace una expresión de asombro y se tapa la boca con las manos. La joven le cuenta lo ocurrido durante el juicio.

— ¿Qué vas a hacer, Eva? —pregunta —.Esa mujer es una bruja.

—No, madre; si hubieses estado en el juicio y la hubieses escuchado hablar, te darías cuenta de que se trata de una mujer sabia, de una mujer libre.

—Pobre hija mía... Te ha convencido...Ese es el poder del demonio, fascinar a sus víctimas—dice meneando la cabeza.

— ¡Qué dices, madre!—grita Eva—; tú, como tantas mujeres están prisioneras de una historia que les contaron y nos la hicieron creer a nosotras, sus hijas. ¡Mírame! ¿Tú crees que soy feliz? —pregunta Eva a su madre.

— ¿Y por qué no lo serías? Tienes todo lo que una mujer desea... Un hogar, estás casada con un hombre honesto y trabajador y esperas un hijo de él.

Eva, abatida y resignada, la mira sabiendo que jamás la va a entender.

—Tienes razón madre, tengo todo lo que una mujer desea.

La madre sonríe satisfecha. Ambas saben que hay muchas palabras no dichas entre ellas pero ninguna de las dos se atreve a pronunciarlas. Eva la saluda, mientras su madre le recomienda que se olvide de ese ser endemoniado, que se trata de una embustera, que se cuide de ella. La mujer cierra la puerta pensando que, en cinco días, esa bruja morirá y todo quedará en el olvido. Pero Eva no piensa lo mismo.

Regresa cabalgando despacio. Por su mente pasan infinidad de pensamientos. Se debate entre lo que quiere hacer y lo que debe hacer. Llega hasta la puerta de su casa sin darse cuenta. Baja del caballo, lo amarra y entra; Adán la está esperando.

— ¿De dónde vienes?—la interroga.

—De la casa de mi madre —responde ella sin mirarlo.

Él prefiere no seguir indagando, dice que ya comió y que se va a dormir. Ella asiente con la cabeza. Aún sigue impactada por haber comprobado lo que siempre intuyó y con cantidad de interrogantes que necesita develar. Espera que oscurezca y, asegurándose que su esposo está profundamente dormido, sale nuevamente a llevar provisiones a las mujeres castigadas en la jaula. Gracias a Eva, aún siguen vivas. El pueblo, como el tribunal, aduce que es el demonio que hace que no mueran; de todas maneras, todos piensan que tan solo es cuestión de tiempo.

De vuelta en su casa, Eva se acuesta al lado de su esposo pero no puede conciliar el sueño. "Necesito hablar con Lilith, piensa, debo encontrar la forma de hacerlo".

De repente, algo se le ocurre y despierta abruptamente a Adán.

—Pero mujer, ¿qué es lo que haces? —se queja Adán, malhumorado, sin entender lo que ocurre.

—Tú tienes un amigo que es guardia en la cárcel del secreto —dice Eva sentada en la cama.

— ¿Y qué hay con eso?—pregunta Adán enojado.

—Necesito que averigües cómo llegar hasta ese lugar.

— ¿Qué? —grita él dando un salto de la cama. ¿Te has vuelto loca?

—Necesito hablar con esa mujer —dice Eva mostrando desesperación.

— ¿Para qué?—pregunta Adán azorado—, yo ya no tengo nada que ver con ella.

—Es que no se trata de ti, se trata de mí —le responde Eva apesadumbrada.

—No entiendo. ¿Qué tienes tú que ver con esa mujer?

Eva lo mira sin saber cómo explicarle a este hombre la historia de su vida. Tampoco tiene deseos de hacerlo. Nunca se sintió escuchada por él… ¿Por qué ahora sería diferente?

—De acuerdo —dice ella de manera cortante—, no sigamos hablando sobre el tema. Adán vuelve a acostarse, da media vuelta, queda de espaldas a su esposa y se duerme.

Eva no se resigna, tiene que encontrar la forma de llegar a ese lugar.

Lilith, en su celda, recibe una cena muy escasa. La idea es debilitar a la víctima para que llegue con pocas fuerzas a su ejecución. Luego de comer, se acuesta sobre el piso húmedo. Respira en forma profunda y, mentalmente, comienza a alinear cada uno de sus centros energéticos. Visualiza la zona del pubis, justo en la base de su vagina, donde se encuentra el primer chakra, que está relacionado con la seguridad física en la familia o grupo, con la capacidad de hacerse valer y defenderse. Imagina una especie de rueda de color rojo, a la que hace girar en el sentido de las agujas del reloj; continúa en forma ascendente hasta ubicarse por debajo del ombligo, allí se encuentra el segundo chakra relacionado con el poder, el dominio y la creatividad; lo visualiza en un color naranja y lo pone en movimiento como el anterior; y así continúa con los restantes: el tercer chakra, de color amarillo, ubicado en la zona del esternón, relacionado con la confianza y el cuidado de sí misma y de los demás, la responsabilidad para tomar decisiones, el honor personal; el cuarto chakra, de color verde, ubicado en el centro del pecho, relacionado con el amor y el odio, la soledad y el compromiso, el perdón y la compasión, la esperanza y la confianza. El quinto chakra, de color azul, en la garganta, representa la elección y la fuerza de voluntad, la expresión personal, el seguir los propios sueños, la capacidad para tomar decisiones; el sexto chakra, de color violeta, en la zona del entrecejo, asociado a la autoevaluación, las capacidades intelectuales y de aprendizaje, la inteligencia emocional; el séptimo chakra, ubicado en la parte alta de la cabeza, de color blanco, que tiene que ver con la capacidad de confiar en la vida, los valores, la ética, la valentía, la fe, la espiritualidad. El octavo chakra, ubicado fuera del cuerpo físico, a unos diez centímetros del anterior, que se relaciona con la integración del yo, representa el reino donde, en su parte superior, el alma individual se funde con el universo, el lugar donde se encuentra el contrato sagrado pactado antes de llegar a este plano. Todo su cuerpo físico y emocional se halla ahora en equilibrio. Decide descansar para recuperar fuerzas.

Eva despierta muy temprano esa mañana. Adán comenta que saldrá de cacería y estará ausente por varios días. Ella piensa que esa es una señal. Cuando él se va, empieza a caminar de un lado a otro de la sala, tratando de encontrar la manera de llegar a la cárcel del secreto. "Ya está", piensa. Busca una pequeña bolsa de tela y coloca unas monedas que tiene guardadas en una caja, a la que solo ella tiene acceso. En reiteradas oportunidades, le ha sacado dinero a su esposo, sin que éste se dé cuenta, guardándolo a modo de reserva.

Eva conoce dónde vive uno de los guardias de la cárcel; se dirige a su casa decidida a obtener la información que necesita. Lo encuentra, le cuenta sobre su objetivo y le pide que la lleve hasta el lugar, a cambio de dinero. El hombre observa la cantidad y sin investigar el por qué de dicho pedido, acepta. Acuerdan reunirse al caer la noche. Eva sube a un caballo, el guardia a otro y ambos parten. Cuando llegan, otro guardia le pregunta quién es la mujer y qué hace allí; el hombre que acompaña a Eva, le da unas monedas y le dice que no hable; el guardia hace un gesto de complacencia y vuelve a ocupar su puesto. Eva y su acompañante llegan hasta una celda; éste toma la llave que cuelga de la pared, abre y le dice que no tiene mucho tiempo, que cuando quiera salir golpee las rejas; le advierte que tenga cuidado porque la mujer está endemoniada y es peligrosa.

Lilith despierta con el ruido provocado por la llave en la cerradura. Cuando la ve a Eva, su corazón empieza a palpitar muy fuerte y se incorpora. Eva, manteniendo cierta distancia, y sin presentarse, comienza a hablar:

—Estuve en el juicio que te hicieron.

Lilith la mira detenidamente, sintiendo una energía especial que emana de esa mujer, como algo conocido, que le transmite paz.

— ¿Quién eres? —pregunta a la visitante.

Eva le pide que le relate cómo había desaparecido su hermana.

— ¿Tú la conoces? —pregunta Lilith asombrada.

—Cuéntame, por favor—reitera Eva.

Lilith relata con lujo de detalles lo acontecido aquella tarde donde su vida cambió. Eva cierra los ojos y cuando llega el momento del relato en que todos se esconden, se ve caminando por el bosque hasta que, inesperadamente, cae en un pozo. Abre los ojos estremecida.

— ¿Recuerdas alguna canción que te cantara tu madre cuando eras pequeña? —pregunta Eva.

Lilith sonríe y con agrado entona la canción de cuna que ambas conocen. Eva comienza a llorar.

— ¿Qué te ocurre? —pregunta Lilith, mientras la toma de los brazos.

—Soy Eva, soy tu hermana—contesta ella en medio de un llanto.

Lilith la mira sorprendida.

—Tú eres... —y sin poder terminar la frase, la abraza emocionada.

Ambas siguen así durante un buen tiempo, el llanto es de alegría y tristeza a la vez. Cuando se calman, cada una le cuenta a la otra sobre su vida y Eva le confiesa que, el hombre con el que está casada, es Adán. Lilith omite comentarios y le pregunta por su embarazo. Ella dice que aún le faltan dos meses para parir. De pronto se da cuenta de que, posiblemente, es la última vez que vea a su hermana antes de que sea inmolada en la hoguera.

—No quiero que mueras —le dice—. ¿Qué puedo hacer por ti?

—No temas por mí. Soy muy fuerte y estoy protegida —responde Lilith con la seguridad que la caracteriza—. Confía, y ahora regresa a tu casa. No quiero que te pongas en peligro. Yo estaré bien, aún cuando creas que todo termina, recuerda que una mujer poderosa, siempre encuentra la salida.

Se abrazan nuevamente emocionadas. Eva golpea las rejas; el guardia vuelve a buscarla y la lleva de regreso a su casa. Al llegar, ella le pide que mantenga silencio sobre lo ocurrido.

—Eso tiene otro precio—responde el hombre con una sonrisa.

Eva, con cierto enfado, entra en la casa, toma otras monedas y se las entrega. Éste le hace una reverencia y parte.

Faltan apenas dos noches para que llegue el día de la ejecución. Eva no deja de llevar víveres a las mujeres que se encuentran en la jaula. Todo el tiempo piensa qué hacer para salvar a su hermana. Reconoce que, de niñas, siempre Lilith fue la más fuerte y ella la más débil. Y esa fortaleza hoy se refleja en su cuerpo y en su manera de ser. Siente orgullo por su hermana, pero no puede dejar de pensar en el desenlace final. Mientras tanto Lilith se conecta con su poder personal preparándose para lo que le espera. No sabe cómo escapará de la situación pero está convencida de que saldrá de ella. La Gran Madre le ha enseñado que cuando el "qué" está claro, los "cómo" aparecen.

Desde el alba, los hombres preparan el estrado y la estaca a la que la hereje será atada y luego quemada. Colocan un barril de alquitrán muy cerca; con ese líquido empaparán a la víctima para que arda más rápido; consideran necesario tomar todas las precauciones ya que la rea es muy peligrosa. Temen que el mal se resista a salir de su cuerpo.

Eva, sola en su casa, se encuentra muy angustiada. No puede dejar de pensar en su hermana y el trágico final que le espera. Nada puede hacer al respecto más que rezar; le reza al mismo dios en cuyo nombre una mujer será sacrificada.

Lilith despierta antes de que amanezca. Si bien se siente un poco débil, su preparación física, durante todos los años pasados, hace que siga siendo una mujer fuerte. Invoca a Artemisa, diosa griega, también llamada la "Dama de las Montañas Salvajes", que armada con arco y flechas, lejos de utilizarlas para quitar la vida a las criaturas de su reino, las destinaba a defender a las víctimas de la agresión patriarcal y defenderse a sí misma. A diferencia de Eva, que pide a su dios que haga algo, Lilith se conecta con la fuerza de la diosa y es una con ella. El poder de Artemisa se convierte en su propio poder. Siente que una energía suprema la recorre y hace que cada uno de sus miembros adquiera más fuerza. En ese estado se mantiene durante toda la mañana.

A primera hora de la tarde la vienen a buscar. Son tres guardias; uno de ellos la obliga a ponerse de pie y quitarse la ropa. Lilith queda totalmente desnuda. En cada uno de sus rostros puede verse el deseo de poseer ese cuerpo perfecto, pero el temor a ser dominados por la bestia que la habita los detiene. Uno le alcanza un sambenito, una tela rectangular con un agujero para pasar la cabeza. Ella se lo coloca con lentitud. En la parte del frente lleva su nombre con dibujos de llamas que salen de él. Le atan las manos y la empujan para que salga. La acusada les dirige una mirada que los atraviesa. Una vez fuera, la suben a un caballo sin cubrirle los ojos. Los guardias saben que éste es un camino sin retorno para la rea.

Cuando llegan a la comarca, la bajan del animal. Le pasan una cuerda por las manos atadas y la amarran a uno de los caballos. Un fraile le hace sostener un cirio encendido. Lilith no se niega. Sabe que hay un momento exacto, único, donde las fuerzas del Universo se unirán a la suya para derrotar al enemigo. Se muestra calma y eso hace dudar a los guardias. Descalza, con el sambenito que apenas tapa sus genitales, con los hombros descubiertos, y una enorme vela encendida entre sus manos, Lilith es paseada por la ciudad.

Algunos, temerosos, permanecen en sus casas; otros salen y vociferan insultos; muchas mujeres observan calladas. Entre ellas se encuentra Eva, haciendo un enorme esfuerzo por no llorar y correr a los brazos de su hermana. Lilith la mira, abre y cierra los ojos, comunicándole en ese gesto, que todo va a estar bien. Eva lo percibe pero le cuesta creer que algo detendrá lo inevitable. Sale corriendo y se mete en la iglesia. Luego de llorar desconsoladamente, se pone de rodillas y comienza a orar.

La acusada pasa por debajo de la jaula donde se encuentran las otras dos prisioneras. Ambas sollozan al verla. Lilith sigue caminando con paso firme a pesar del tironeo de la soga que recibe, de tanto en tanto, por parte del guardia a caballo. Están llegando a la plaza principal. Observa el estrado, la estaca preparada y una cantidad de ramas y maderas de árboles apostadas para el fuego. Junto a todo eso, el verdugo. Lilith avanza, respirando de manera profunda y sosteniendo en su mente la imagen de Artemisa. Cuando se acerca al lugar puede ver, apoyados en la estaca su arco y flechas, puestos allí con la intención de ser eliminados junto con ella.

Todos los curiosos la siguen por detrás. El verdugo le retira el cirio de las manos y lo coloca a un costado; luego se las desata y, ayudado por uno de los hombres, la sube al estrado y la amarra a la estaca. Primero le ata las manos por detrás, luego le pasa una soga por el cuello para afirmar su cabeza y por último le sujeta los pies. A un costado se encuentra el tribunal, encabezado por el Inquisidor y secundado por el consejo. Un fraile comienza a decir unas palabras que Lilith, sumergida en su interior, no escucha. El hombre le hace una pregunta y frente a su falta de respuesta, la repite:

— ¿Te arrepientes, Lilith, de tus pecados? —mientras dice esto, el verdugo enciende una especie de antorcha. La acusada mira a su alrededor y se vuelve hacia el fraile.

—Que tu dios tenga piedad de ti, porque yo no la tendré contigo —le contesta en voz baja.

El hombre se echa hacia atrás, nervioso.

— ¿Qué es lo que ha dicho? —pregunta el Inquisidor.

—Blasfemias, mi señor, blasfemias —contesta temeroso.

El clérigo, sin querer dilatar más el acto y disfrutando de la idea de ver a esa infame arder en la hoguera, da la orden al verdugo.

El encapuchado levanta la antorcha, mostrándola al público y en el instante en que la va a bajar para encender las ramas y maderas que se encuentran a los pies de Lilith, se escucha un grito aterrador, un grito visceral, sostenido, acompañado por el galope de caballos. Todos se dan vuelta sorprendidos, y una flecha acierta en el corazón del verdugo. La reina Pentesilea y sus amazonas vienen al rescate de Lilith.

Los asistentes comienzan a correr presos del miedo. Cada uno de los miembros del tribunal busca esconderse mientras el inquisidor, levantándose el hábito, escapa desesperadamente seguido por el fraile. Pentesilea baja de su caballo y con una daga corta las sogas que amarran a Lilith, quien la abraza.

— ¡Gracias hermana! Vamos, debemos bajar a las mujeres que están en la jaula.

Acto seguido, toma su arco y su flecha y, escoltada por dos guerreras, comienza a correr detrás del Inquisidor y el fraile. Este último cae al piso y suplica que no lo maten. Lilith pide a sus compañeras que se encarguen de él. Ella sigue detrás del victimario.

El Inquisidor busca refugio en la iglesia. Cuando entra la ve a Eva de rodillas.

— ¡Detente! Le grita Lilith —ubicada a corta distancia de él.

El clérigo sintiéndose acorralado levanta a Eva y la usa como escudo.

—Si intentas matarme, también la matarás a ella.

Eva, consternada, no entiende qué ocurre.

— ¡Lilith, estás viva!—grita.

—No te atrevas a hacerle daño—dice Lilith al clérigo, mientras se para abriendo sus piernas, afirmándose al piso y tensando la cuerda de su arco—. Suéltala y te dejaré ir.

—No te creo—contesta el Inquisidor.

—Piensas que soy como tú—dice Lilith—, que engañas a las personas vendiéndoles la salvación a cambio de un diezmo. Te equivocas. Yo tengo palabra, no pretendo matarte, quiero que repares el daño que has causado. Si fuera tu dios, me avergonzaría de ti.

— ¡Cuidado Lilith, detrás de ti! —grita Eva.

Se da vuelta velozmente al tiempo de que uno de los guardias va a descargar su hacha sobre ella. La rapidez de su flecha lo frena dándole un tiro certero en la garganta. El inquisidor aprovecha el momento para arrojar a un lado a Eva y huir. Lilith levanta a su hermana y luego de verificar que se encuentra bien, persigue al clérigo. Éste se interna en el bosque, encontrando a Adán y otros hombres que regresan de cacería.

— ¿Padre, qué ocurre? —pregunta Adán al verlo agitado.

— ¡Esa mujer, la que tiene el demonio, quiere matarme!

Adán sin entender muy bien lo que sucede, corre con su lanza en la mano. En segundos Lilith y él quedan frente a frente, apuntándose uno al otro.

—Sigues siendo el mismo cobarde —dice Lilith en un tono asertivo.

—Y tú la misma rebelde—contesta Adán muy parco.

— ¡Muévete! —le ordena la joven—, no te busco a ti sino a ese al que llaman representante de dios. Y soltando una risa burlona, agrega:— Lo lamento por su dios; lo está haciendo quedar muy mal. Yo que él, vería de elegir otro que me representase mejor.

—Tú no puedes entender nuestras reglas—replica Adán.

—Y tú... dime Adán, ¿tú las entiendes? ¿Puedes entender que a quien llamas padre te castigue porque no haces lo que él dice que debes hacer?; ¿que castigue a los que no piensan como él?; ¿que obligue, como te obligó a ti, a reprimir el deseo por tratarse de algo pecaminoso? Todos ustedes—prosigue—, han sido educados en una moral hipócrita; su sistema de creencias se basa en el sacrificio, una autodestrucción que prioriza valores con los que no acuerdan pero que defienden por miedo; y no toman conciencia de que están renunciando a la libertad por mandatos impuestos —concluye Lilith con cierto pesar.

Adán la observa, confuso; entiende racionalmente lo que dice esta mujer, pero siente que está prisionero en una situación de la que no puede escapar.

—No sé hacerlo de otra manera —contesta Adán, admitiendo por primera vez en su vida que hay otra posibilidad.

—Vas a ser padre—dice Lilith, acercándose a él y bajando su arco—, es tu oportunidad de cambiar la historia para tu hijo. Privilegia sus deseos; él nace libre, lleno de amor luego de haber permanecido celosamente cuidado durante nueve meses en el vientre de su madre. Cuando llegue al mundo, no lo separes de ella, —y con énfasis, continúa: —No nacemos con pecado; nacemos con deseos, deseos de una madre amorosa que nos siga conteniendo afuera como lo hizo en su interior; pero bien pronto esos deseos se estrellan contra las mentiras absurdas que impone el patriarcado y la religión a modo de verdades.

Termina de hablar y los hombres que acompañaban a Adán, que lejos están de entender el mensaje de Lilith, la rodean. El Inquisidor queda un poco más atrás, regodeándose por lo que viene.

—Déjanosla a nosotros Adán, nos haremos un festín con ella— dice uno de los hombres mientras los otros ríen a carcajadas.

—Yo que ustedes lo pensaría—aconseja Pentesilea, secundada por cinco guerreras más que se han acercado sigilosamente, apuntando a los hombres con sus flechas.

Uno de ellos intenta moverse y recibe un flechazo en el pie, profiriendo un fuerte grito de dolor. Los demás quedan paralizados; saben de la ferocidad de estas mujeres.

—Déjenlos ir—pide Lilith—, sólo están jugando a ser valientes porque se encuentran en grupo.

La reina les hace una seña para que dejen sus lanzas. Todos

obedecen y comienzan a caminar sin mirar hacia atrás. El inquisidor los sigue. Una amazona le corta el paso.

—Tú te quedas.

Lilith llama a Adán.

—Cuida a Eva. Y no olvides lo que hablamos —agrega; éste asiente con la cabeza y sigue caminando detrás de los demás.

—Las mujeres que estaban en la jaula se recuperarán— comenta Pentesilea dirigiéndose a Lilith—; tú y ellas vendrán con nosotras.

— ¿Qué hacemos con él? —pregunta una guerrera señalando al clérigo que temblaba de miedo.

—También vendrá con nosotras, tengo algunas tareas para él en nuestra comunidad—todas sonríen mientras el hombre implora pidiendo perdón.

—No existe el perdón sin reparación—interviene Lilith—.Lo que harás será reparar el daño que has provocado.

Se dirigen a la comarca. Allí las esperan el resto de las guerreras y las prisioneras que están siendo atendidas por éstas. Al verlas, Lilith las abraza y ellas se emocionan.

— ¿A dónde irás? —dice Eva acercándose a su hermana.

—A la comunidad de las Amazonas.

— ¿Te volveré a ver?

—¡Por supuesto!. No importa el tiempo que trascurra, nos volveremos a encontrar. Nuestras almas están unidas —y tocando el vientre de su hermana, agrega—. Cuida a tu hijo, no le hagas creer la mentira de que deberá sacrificarse para, una vez muerto, obtener la felicidad eterna. Defiende su derecho a ser lo que él elija ser y no lo que tú o tu esposo quieran que sea; asístanlo para que encuentre su propio camino, donde prime la coherencia entre el sentir, el decir y el hacer, donde priorice sus deseos. Acompáñalo a ser la mejor versión de sí mismo.

Ambas se funden en un abrazo.

—Debemos irnos —apura Pentesilea.

Montan los caballos. Dos guerreras llevan consigo a las mujeres liberadas. Sobre otro caballo está el Inquisidor con sus manos atadas; de todas maneras, en ningún momento se cruza por su mente intentar escapar. Por su lado, tanto el tribunal como el consejo quedarán desarmados por un tiempo hasta que les envíen un nuevo Inquisidor. Pero ya nada será como antes.

Capítulo Nueve

El poder personal

Las Amazonas es una comunidad de mujeres cuyas ocupaciones son la caza y la guerra. Sus armas son el arco, la lanza, el sagaris—una especie de hacha—, un escudo partido en forma de medialuna llamado pelta y un casco. Como única prenda llevan un vestido fino, sujeto por arriba, tapando su seno derecho. Desde muy pequeñas, las niñas usan cueros tensados sobre ese seno para impedir su desarrollo, facilitando así el uso del arco. No están permitidos los hombres en dicha comunidad, salvo que realizaran actos de servicio. Una vez al año, para evitar la extinción de su raza, visitan a los gargarios, una tribu vecina, con los que se aparean. Los niños varones que resultan de estas uniones, son enviados con sus padres; las niñas, en cambio, se quedan y son criadas por sus madres y preparadas para trabajar en el campo, cazar y adquirir todas las capacidades sobre el arte de la guerra.

Luego de dos días de cabalgata llegan a la comarca de estas guerreras. Las mujeres que están haciendo labores en el campo se acercan a darles la bienvenida apenas las ven. Todas bajan de sus caballos y una de ellas ayuda al Inquisidor que se mueve con dificultad. Pentesilea ordena que se le dé vestimenta y se le asignen tareas de servicio. Le aclara que tiene prohibido mantener relaciones sexuales con cualquier mujer de la comunidad. El clérigo está azorado.

La reina pide que se lleven a las dos mujeres rescatadas a una cabaña, donde les prodigarán cuidados especiales hasta que se repongan. Le pide a Lilith que la acompañe y le presenta a su hermana Hipólita. Ambas se saludan afectuosamente. Luego de comer algo, todas van a descansar. Es necesario reponerse y prepararse para lo que viene.

La jornada comienza muy temprano, antes de que amanezca. Es una sociedad organizada donde cada una realiza una tarea específica, participando todas de las prácticas diarias de tiro al blanco con arco y flechas, además de simulacros de luchas con sagaris y lanza. Lilith observa estas prácticas con gran admiración. Pide participar, petición que es aceptada por Antíope, quién está al frente del entrenamiento. Lilith desea perfeccionarse en el arte de la guerra y no podría haber encontrado mejor lugar que éste para hacerlo.

Al atardecer, todas se reúnen frente al fuego y Pentesilea da la bienvenida a las visitantes. Las guerreras producen gritos guturales a modo de aceptación. Lilith y sus dos compañeras, después de mucho tiempo, sonríen y se sienten contenidas.

Algunas tocan música y muchas comienzan a bailar. Lilith se sienta al lado de Pentesilea agradeciéndole nuevamente por haberlas salvado.

— ¿Cómo se formó esta comunidad? —pregunta.

La reina suspira y la mira a los ojos.

—Nací en una familia común. Soy la mayor de tres hermanas. Mi madre era una mujer muy buena pero muy sometida a mi padre. Nosotras constituíamos parte de su patrimonio, su propiedad, en donde se cumplía su ley, que a su vez bajaba de su dios. Teníamos la obligación de trabajar para él y atenderlo, no podíamos rebelarnos ni mostrar enojo y debíamos reprimir cualquier deseo que pudiese alterar su bienestar. A pesar de esto, teníamos la obligación de amarlo con el corazón y la mente y perdonarle todo: desde un reto hasta un castigo físico. Decía que lo hacía por nuestro bien. Mi madre no hablaba: aceptaba todo con una sumisión enfermiza. Hasta que un día no pudo más. Estando él dormido, tomó su hacha y le partió la cabeza. "Nos vamos de aquí", fue lo único que nos dijo. Empezamos a caminar y, días después, llegamos hasta una cabaña donde pedimos algo de comer. Allí vivía una mujer viuda con dos hijas. Nos quedamos para siempre. Las dos madres se hicieron muy amigas y con el hermano de la dueña de casa, que fue a visitarla durante un par de meses, levantaron una pequeña habitación para nosotras. Con el tiempo, otras mujeres se fueron acercando, la mayoría huyendo de esposos que las maltrataban o padres castigadores. Vimos la necesidad de aprender a defendernos ya que sabíamos que, en algún momento, podrían venir a buscarnos los hombres de nuestras familias u otros que quisieran poseernos, pensando en lo fácil que les resultaría dada nuestra condición de debilidad como mujeres. No quisieras saber la sorpresa que se llevaron los primeros que lo intentaron—dice Pentesilea, soltando una carcajada—. Así comenzó a correr la noticia de nuestra belicocidad; nosotras no atacamos, nos defendemos o defendemos a nuestras hijas o a una hermana que esté en peligro... Como tú— sonrió la reina—. No solo no aceptamos el daño físico, sino tampoco la humillación de sentirnos rechazadas, de ser consideradas criaturas inferiores y merecer por eso todo tipo de maltrato. La racionalidad patriarcal, aplicada a través de leyes absurdas como perdonar y olvidar la represión infligida por los padres, o considerar el deseo sexual como parte de las "bajezas corporales", únicamente se puede lograr a través del temor, la culpa y el castigo; y, por otro lado, la represión de esos deseos sexuales, considerados sucios y pecaminosos, convierte a cualquiera en una criatura agresiva. Míralo a éste—dice, señalando al clérigo que estaba realizando tareas de limpieza—, ¿crees tú que puede reprimir sus deseos sin que eso le produzca ningún trastorno emocional? Eso explica la ira que siente hacia las mujeres. Su peor castigo será, no sólo no poder acceder al objeto de su deseo, sino estar al servicio de él.

Lilith, escucha atentamente a Pentesilea.

— ¿Cuál es la salida?; ¿qué podemos hacer nosotras para crear una realidad diferente?

—Hermana—responde Pentesilea mirando a la joven con preocupación—, lamentablemente estamos frente a un enemigo muy poderoso porque no se trata de una persona, sino de un sistema que se ha construido a través de normas, valores e instituciones. Éste es el que permite el pasaje de esos valores y esas instituciones y quien sanciona su incumplimiento. Es un lugar, una posición. En las distintas épocas y sociedades, ese lugar lo pueden ocupar hombres o mujeres.

—Pero debe haber una solución—dice Lilith apenada—, no me resigno a entregarme a esta realidad.

—La única forma de salir de esta encrucijada que nos ha guiado hasta ahora es que esa manera de relacionarnos sea sustituida por otra visión de la vida, la que aporta el arquetipo de la Gran Madre.

— ¿El arquetipo de la Gran Madre? —pregunta Lilith sorprendida—. ¿Cómo es eso?

—Los arquetipos son formas de convivencia. La propuesta es dejar de vivir a través de la sanción y el miedo y pasar a vivir desde la verdadera naturaleza humana, cuyos principios son el amor, la cooperatividad, el juego y la armonía. Si no hay sanción, no hay miedo.

— ¡Entonces hay una salida!—dice Lilith con euforia.

—Mi querida amiga—prosigue Pentesilea apoyando su mano en el hombro de la joven—, necesitaremos muchas generaciones para que la humanidad salga de esta encrucijada. Por ahora solo podemos contenernos y defendernos del enemigo, que no es más que un padre sancionador que gobierna a través del control y del miedo.

—Pero podemos hacer que las mujeres tomen conciencia —agrega Lilith—. La expansión de la conciencia nos permite el acceso a otras realidades.

—Sin dudas—contesta la reina—. Se requerirá de una gran fortaleza para hacer el propio camino interior en busca de las sombras, esas heridas celosamente guardadas en algún lugar de la mente y que tanto nos cuesta sacar a la luz, porque son muy dolorosas, porque tienen que ver con heridas primarias que nos han provocado un enorme sufrimiento... Y muchas preferirán taparlas, embriagarse con sustancias, atiborrarse con cosas materiales, buscando afuera, en una pseudo espiritualidad, para no ver, para no remover; preferirán seguir dormidas, anestesiadas, incapaces de recuperar el poder personal.

—De todas maneras, yo quiero asumir la responsabilidad frente a las que quieran escuchar—asegura Lilith con decisión.

—Eres muy valiente—alega Pentesilea con admiración—. Por ahora, prepárate para enfrentar al enemigo de la manera en que se presenta; aprovecha tu estadía con nosotras para perfeccionarte en la defensa contra él.

Ambas se levantan, se saludan con afecto y se van descansar.

A medida que pasan los días, Lilith va adquiriendo mayor habilidad en el uso de las armas. Para utilizar mejor el arco, imita a las Amazonas colocándose una tela que aplaste su seno derecho y de esa forma lograr mayor certeza en el tiro al blanco. Pentesilea e Hipólita la observan y comentan la fuerza arrolladora de la joven.

Meses después, la reina llama a Lilith para hablar con ella. Luego de preguntarle cómo se encuentra entre las amazonas Pentesilea le anuncia que su entrenamiento, con ellas, ha llegado a su fin. Ahora le espera una nueva instancia, un aprendizaje superior que obtendrá de la mano de Morgana, famosa por sus poderes de sanación, su conocimiento de las plantas medicinales y su visión profética. Es una chamana capaz de cambiar de forma, tomando el aspecto de diferentes animales para utilizar su poder. Entusiasmada, Lilith se prepara para partir al amanecer del día siguiente. Esa noche organizan una fiesta donde todas celebran: bailan, ríen, cantan, sabiendo que cada momento es único e irrepetible.

Llega el día; luego de recibir las instrucciones para encontrar el camino que la llevará a una nueva instancia en su proceso, Lilith se despide de sus compañeras y sus anfitrionas.

—Nos volveremos a encontrar —augura Pentesilea a la joven—; allí donde haya una mujer que necesite de nosotras, acudiremos… Y no dudo que también estarás tú.

Lilith abraza a la reina y a sus hermanas, sube al caballo y se aleja al galope mientras lanza el grito de una amazona.

***

Lilith cabalga durante días hasta que llega a un bosque que responde a la descripción que le ha dado Pentesilea: el lugar donde reside Morgana. Se baja del caballo y tensando su arco, frente a la posibilidad de un enemigo o animal salvaje, comienza a caminar lentamente. Se escucha el ruido que hacen sus pies descalzos al pisar las hojas secas. Un rugido la obliga a girar rápidamente; tiene frente a ella a un jaguar, una fiera que comienza a rodearla con la ferocidad ardiendo en sus ojos felinos. La joven no se siente amedrentada: se ha preparado mucho tiempo para enfrentar cualquier peligro. Lilith y el animal se miran a los ojos. Inesperadamente la fiera comienza a transformarse hasta adquirir la figura de una mujer.

—Eres muy valiente, puedo verlo en tu mirada—saluda Morgana.

—Tú debes ser... —responde Lilith, observando frente a ella una persona alta, con cabellos negro azabache, vestida de rojo. No tiene dudas que se trata de una mujer muy poderosa.

—Y tú eres... —dice la chamana interrogando a la joven.

—Lilith—contesta con orgullo.

—Sí—afirma satisfecha Morgana. Te he observado en mis visiones. Eres la que ha venido a traer un mensaje de esperanza a otras mujeres, a acompañarlas a recuperar la soberanía sobre su propia vida y convertirse en las dueñas de su destino. Pero para ello necesitarás primero defenderlas de las garras del enemigo.

—Es por eso que estoy aquí —dice Lilith—. Vengo para que me enseñes lo que necesito saber.

— ¿Estás dispuesta a hacer lo que sea necesario para lograrlo? —pregunta Morgana.

—Jamás tuve dudas al respecto—contesta la joven, sin poder imaginar el camino personal que deberá atravesar para lograr el objetivo.

—De acuerdo, come algo y descansa—le dice Morgana mientras le muestra el camino hacia su cabaña—; mañana comenzaremos muy temprano con tu entrenamiento.

Con la primera luz del día, Lilith despierta. El sueño reparador hace que se sienta renovada. Sale y encuentra a Morgana sentada sobre la hierba con las piernas cruzadas delante de sí. Con una seña le indica a la joven que se siente frente a ella. Luego le convida una infusión caliente de jengibre y miel comentándole que le dará vigor. También le acerca unos trozos de raíces que a Lilith le resultan dulces y sabrosas.

—¿Estás cómoda? —le dice Morgana sin rodeos.

—Sí.

—Sin moverte de donde estás, ¿podrías ver lo que se encuentra detrás de ti?

—No—responde Lilith, con una expresión de incertidumbre en el rostro.

—Ahora, date la vuelta—prosigue Morgana—, y dime lo que ves.

Lilith, abandonando la postura, mira hacia atrás y relata lo que observa, volviendo luego a la posición original.

La Sabia, satisfecha, retoma el discurso:

—Podríamos decir entonces que el hecho de que no veas algo, no significa que no existe. Simplemente es que desde dónde estás no puedes verlo... Y para poder observarlo necesitarás salir del espacio de comodidad en el que estás instalada.

Lilith sonríe, comprendiendo la analogía.

—Pero el hecho de que tú lo observes—continúa la Sabia—,

no significa que todos puedan hacerlo. Ya has comprobado la resistencia de las personas a aceptar algo que difiera de su sistema de creencias. Son capaces de llegar a matar por mantenerse en ese sistema. Continuemos—dice Morgana con decisión—, nada de lo que has escuchado y visto hasta aquí, es verdad.

— ¿Cómo? —pregunta la joven sorprendida.

—Todo lo que ves y escuchas es una interpretación que te pertenece—explica la chamana.

Lilith la mira sin poder comprender lo que la Sabia le explica.

—Los seres humanos —prosigue—, no somos capaces de percibir la realidad sino de interpretarla. Hace miles de años, con la aparición del lenguaje, la humanidad fue incorporando determinadas frecuencias de ondas que le resultaron útiles para su supervivencia. Colores, sonidos, materialidades. Ello permitió crear una alucinación colectiva que hoy llamamos realidad. Todo lo que no se incorporó en ese período primario de la humanidad, quedó fuera del alcance del cerebro, que se clausuró para otras expresiones que no fueron útiles para la supervivencia. Hay cosas que el "yo" alcanza a observar en la medida que otros lo observan. Por lo tanto, el hecho de que no veas algo no significa que no exista. Simplemente es que, hasta hoy, no lo habías observado; necesitarás entonces de un otro que te asista para poder verlo... Y para eso estoy yo aquí. Lilith—dijo Morgana en un tono imperativo—, no hay dudas de que tienes una gran potencia física y una enorme fuerza de espíritu. Y es esto último, lo que necesitas disciplinar. ¿Empezamos, pues?

—Aquí me tienes—dice Lilith adelantando su torso.

—Necesitas trabajar sobre tu respiración—explica Morgana a la joven—; la respiración de una persona agitada es rápida y superficial y se ubica en el pecho o la cabeza. La respiración de una persona calma se hunde en el abdomen. Cuando nuestra respiración es pareja, nuestras mentes están quietas; si es errática, la mente se estremece como las hojas agitadas; cuando tomes el aire, hincha el abdomen; cuando lo exhales, ciérralo. Recuerda la sensación de sacar el estómago y contraerlo, para que puedas reproducirla sin importar si estás caminando, entrenando o acostada reposando, puesto que las emociones están vinculadas directamente con la respiración —señala Morgana—. Y una buena manera de relajarnos es regulándola.

Se lo hizo repetir una y otra vez hasta que Lilith comenzó a respirar, a la altura del abdomen, con naturalidad.

—Ahora —continuó la chamana—, vamos a crear un escudo poderoso que impida la penetración de influencias perturbadoras externas en el campo de energía de tu cuerpo; y para evitar también que tu energía vital interna se disperse hacia el exterior. Hoy lo harás sentada, pero en adelante puedes elegir hacerlo de pie o acostada; empieza y termina el día con este ejercicio de respiración: coloca la espalda recta y los ojos ligeramente bizcos de manera que veas la punta de tu nariz. Comienza inhalando profundamente, haciendo de cuenta que estás respirando por la vagina. Introduce el aire en el estómago y obsérvalo subiendo por la columna, pasando por los riñones, hasta un punto entre los omóplatos. Sostén el aire ahí por un momento, luego súbelo aún más hasta la parte de atrás de la cabeza y pásalo por encima de ella, hasta un punto entre las cejas. Hazlo todos los días de tu vida, antes de comenzar la jornada y cada vez que percibas el peligro.

Morgana invita a Lilith a que practique los ejercicios de respiración. La chamana está preparando a su discípula para acceder a una realidad diferente.

Capítulo Diez
Más allá de lo conocido

Discípula y maestra se levantan muy temprano en la mañana, desayunan y la chamana explica que seguirán trabajando con la respiración.

— ¿Por qué haces tanto hincapié en ello? —pregunta Lilith.

—Cuánto más te concentres en respirar correctamente, más lograrás expandir tu cuerpo etéreo haciendo que la parte material se disuelva.

— ¿Y para qué sirve eso? —interroga la joven curiosa.

—Para transmutar la materia y adquirir la forma física que desees, por ejemplo.

— ¡Eso es lo que quiero!—grita Lilith dando un salto y poniéndose de pie.

—Cálmate jovencita—dice Morgana haciéndole una seña para que vuelva a sentarse—. Necesitas disciplina, perseverancia y práctica.

Comienza, entonces, por enseñarle que el cuerpo etéreo es lo que rodea al cuerpo físico, formado de energía.

Continuamente se pierde gran cantidad de esa energía cada vez que un pensamiento va hacia el pasado o hacia el futuro, o cuando nos relacionamos con personas que tienen conflictos que, al estar agotada su propia energía, succionan la nuestra.

Ambas se dirigen a un claro en el bosque. Morgana le pide a su discípula que se acueste sobre la hierba, de espaldas; se ubica frente a ella y le ordena que comience a respirar de la forma en que aprendió, a la altura del abdomen. Lilith lo hace; su estómago se infla y se hunde rítmicamente; minutos después, la chamana le pide que visualice un punto, diez centímetros debajo del ombligo.

—Ese es el centro de poder— le explica—. Tomando ese punto como referencia, ve hacia adentro y ubícate en el centro, entre la pared externa del abdomen y la columna; observa allí una pequeña esfera de luz, siente su calor y lentamente comienza a expandirla hacia los costados, hacia arriba y hacia abajo. Haz que salga de tu cuerpo lo más que puedas; extiende la luz fuera de ti; aparta tu conciencia del cuerpo físico, olvida tu aspecto material; haz que tu mente se deshaga en la energía y fluye con ella.

Sus palabras suenan como una música en los oídos de Lilith pero, a pesar de esto, no logra relajarse y fluir como le indica Morgana.

—No puedo hacerlo, no puedo dejar de pensar que en cualquier momento el enemigo puede aparecer y me tome de sorpresa —dice la joven enojada mientras se incorpora abruptamente.

—Ese es tu problema Lilith, y será el de todas las mujeres de aquí en adelante.

— ¿A qué te refieres? —pregunta la joven.

—Permíteme explicártelo—contesta Morgana. Ambas se sientan frente a frente—.Los seres humanos compartimos con los animales vertebrados funciones biológicas que nos permiten sobrevivir. Entra ellas, la de nutrición, reproducción y defensa del propio cuerpo. Estas funciones están relacionadas con la supervivencia y pertenecen a lo que habitualmente llamamos instinto. Es decir, que son actos dirigidos a satisfacer una necesidad: alimento en el caso de la nutrición, pareja en el caso de la reproducción y ataque o huida en el caso de la defensa. Un programa de supervivencia no puede ser activado mientras otro programa esté abierto. Por ejemplo, una leona está pariendo en la selva. Su programa de reproducción está abierto. Todos los sentidos puestos en el parto. Las hormonas que se liberan son para parir. La sangre se distribuye en los órganos que la necesitan. La dilatación del cuello del útero llega a su culminación. Las contracciones son para expulsar a las crías. Si en ese momento se escucha un ruido muy fuerte, la hembra agotada abre inmediatamente, ante la amenaza, su programa de defensa. Al hacerlo, se cierra el programa de reproducción. La sangre va hacia los músculos, las hormonas prestan atención al entorno. Se para, husmea, agudiza su visión. Luego de un minuto y descartada la presencia del predador, el estímulo del programa de reproducción vuelve a activarse y se cierra el programa de defensa. La sangre vuelve al útero y la glucosa ya no es utilizada por los músculos de las piernas sino por los del útero. La leona, ya con el programa de defensa inactivado, pare a las crías.

—Tú, Lilith, como la mayoría de las mujeres, por estar inmersa en una cultura patriarcal mantienen abierto el programa de defensa de manera continua. Y eso les genera una realidad biológica que las agota. Cuando percibimos una amenaza todo el cuerpo se preparara para luchar ante el posible ataque. El corazón late más rápido y la sangre se concentra en los músculos y en el cerebro, para tener fuerza y estar atenta. Se interrumpe la digestión y el almacenamiento de los alimentos. Se disminuye la secreción de saliva y jugos gástricos. El recto y la vejiga no se vacían. La respiración se hace más rápida y más profunda. Todos estos movimientos te preparan para la lucha, aumentando tu energía para el probable desgaste físico por la supervivencia. Y al permanecer abierto este programa, no da lugar a que se abran otros.

— ¿A qué otros te refieres? —pregunta Lilith.

—A partir de estos programas heredados de supervivencia— contesta Morgana—, se generan programas aprendidos que modificarán la percepción que tenemos de la realidad. Existirán tantos programas aprendidos como actividades se realicen en el cerebro. Podemos hablar de programas de juego, de confianza, de decisión, de prosperidad, de miedo, de fracaso. La diferencia de estos programas con los heredados es que son abiertos. No son rígidos y se pueden aprender y desaprender. Condicionar y descondicionar.

— ¿Cuál de ellos es el más importante? —pregunta la joven.

—Sin dudas uno de los programas aprendidos más importantes para cualquier animal y ser humano es el programa de decisión. Tanto para uno como para otro, es cuestión de supervivencia reconocer al enemigo o no, atacar o huir, reproducirse o postergarlo. Es por eso que el programa de decisión debe estar firme antes de que el animal sea desmadrado. Una hembra no obligará a su cría a dejar la lactancia ni a no dormir con ella hasta que se asegure que el programa de decisión esté firme. Luego de esto la obligará a independizarse. Tú has tenido una madre amorosa que te amantó, te crió con amor, te respetó como persona, no te manipuló con la culpa y el castigo... Pero la mayoría de las mujeres viven continuamente amenazadas por el "afuera" desde el momento en que nacen y es por esto que generarán todo tipo de defensas físicas y emocionales. Tú no eres como el resto de las mujeres —continúa Morgana—, pero hoy te toca vivir una historia donde te sientes en peligro.

—Pero la amenaza es real, existe.

—Toda situación es un desafío que tiene determinada complejidad—dice la chamana—, el tema pasa por quién eres tú frente a la complejidad del desafío. Si conversas con lo difícil de la situación o te compadeces por estar inmersa en ella, te conviertes en víctima; y la víctima se paraliza, no actúa, espera que el "afuera", ya sea su dios, una persona o las circunstancias, le traiga una solución. La víctima vive recreando el pasado y siente miedo. Y el miedo está relacionado con nuestra falta de respuesta a una situación que nos supera. Si, en cambio, te paras frente al desafío, lo evalúas, observas si cuentas o no con las herramientas para hacerle frente y, en el caso de no contar con ellas, pides ayuda, te capacitas frente a lo desconocido, allí te conviertes en protagonista; y el protagonista es una persona con poder.

— ¿Qué es el poder? —pregunta Lilith intrigada.

—Poder es tener lo que el otro necesita, siempre y cuando el otro te confiera autoridad.

—Explícame un poco más—pide la joven con interés.

—Por ejemplo, los Inquisidores tienen poder porque algunos les han dado autoridad.

— ¿Y que tienen ellos que los otros necesiten?

—Para algunos la capacidad para terminar con el mal— contesta Morgana luego de pensar unos segundos—; para otros la posibilidad de hacer justicia contra lo que ellos consideran pecaminoso. Para una gran mayoría, la forma de exterminar aquello que envidian, que no pueden alcanzar.

—¿Quiere decir entonces que si se les quita la autoridad, pierden el poder?

—Por supuesto—dice la Sabia con firmeza—; de hecho eso es lo que tú hiciste, por eso no pudieron contigo.

—Pero también tuve la ayuda de las Amazonas—agrega Lilith.

—La tuviste porque antes estabas convencida de que el poder lo tenías tú y no ellos. Partiendo de esa premisa, el Universo se encarga del resto.

—Volviendo entonces a los programas de supervivencia—continúa Morgana—, es correcto que abras el programa de defensa en el momento en que haya una amenaza, pero finalizado el ataque, o al observar que la amenaza no es tal, necesitas cerrarlo y abrir otro.

—¿Cuál crees que podrías abrir para realizar el ejercicio de respiración del centro de poder? —pregunta la chamana con suspicacia.

—El de decisión—contesta Lilith.

—Podría ser ese—dice Morgana—. Hay muchos. Recuerda que cualquier situación que te provoque sufrimiento, es un estímulo-respuesta que tu cerebro guardó durante tus primeros años de vida; y que tú lo tomas como verdad. Elige entonces relacionarte con aquello que te proporcione placer. Por ejemplo: jugar, bailar, lo que para ti sea disfrutar.

—Cuando hablas de sufrimiento—indaga Lilith—, ¿te refieres al provocado por una herida?

—No, eso es dolor y el dolor es biológico. El sufrimiento es una interpretación que te pertenece y tiene que ver con la expectativa no cumplida, con querer que las cosas sean como tú quieres que sean. Y allí es donde aparece el control. Y en muchos casos, como en la religión, el control se ejerce a través del miedo y la culpa.

Retoman el ejercicio que Lilith no había podido hacer. Esta vez logra entregarse y disfrutar de fundirse en su cuerpo etéreo, alcanzando límites insospechados para ella hasta ese momento.

A medida que pasan los días, la joven discípula se va haciendo cada vez más fuerte espiritualmente, liderando sus emociones, aprendiendo a no ser reactiva frente a las situaciones con las que no acuerda. Llegado este punto, la Sabia comienza a enseñarle los ejercicios de poder personal, entre ellos, el que está relacionado con encontrar los puntos de vulnerabilidad del enemigo.

—Todos los seres humanos tienen puntos físicos vulnerables, diferentes de acuerdo a su historia personal. Lo que te propongo trabajar hoy es sobre los puntos vulnerables del cuerpo etéreo.

— ¿Hay muchos? —pregunta la joven.

—Los tres más importantes—explica Morgana—, se ubican en los pies, en la parte de atrás de las rodillas y a la altura de los riñones. Son como puertas que, si están abiertas, hacen que la energía se escurra y perdamos fuerza. Debes llevar tu mente a esos puntos y rodearlos de un escudo de luz azul para que evitar ser vulnerable frente al enemigo y mantenerte en equilibrio.

Lilith, de pie, rodea los tres puntos mencionados por la Sabia, con la luz indicada.

—Para reforzar el punto más importante, el del área de los riñones —agregó la Chamana—, cuando debas enfrentar un enemigo real, colócate una faja, eso ayudará.

Y continúan con ejercicios hasta finalizar la tarde.

Pasan los días y los meses hasta que llega a oídos de Lilith que la Inquisición se ha diseminado por todo el territorio y cantidad de mujeres son llevadas a la hoguera acusadas de herejes.

—Llegó el momento—dice un atardecer la Sabia a su aprendiz—. Ya estás preparada para ayudar a tus hermanas. En estos tiempos lo harás luchando como una guerrera, pero vendrán tiempos en que lo hagas desde otro lugar, con la palabra.

—Necesitaré muchos años para eso —dice la joven con resignación.

—Tu alma trascenderá el tiempo y seguirás mostrándole a las mujeres la posibilidad de cambiar su historia.

Lilith la observa, sin poder comprender lo que la Chamana le dice. Está parada en el presente y es en ese presente donde elige acudir en ayuda de sus pares. Y siente que no hay momento más poderoso que cuando elige.

Ambas se despiden. Morgana le entrega una piedra de obsidiana a modo de amuleto y le pide que se la cuelgue en el cuello, para que la piedra quede sobre el centro del pecho, a modo de protección. Lilith lo hace; luego toma su arco y sus flechas.

—Recuerda—dice la Sabia—: ser mujer es un privilegio.

Lilith sonríe, la abraza, sube a su caballo y se interna en el bosque. Ya no es la misma que antes de conocer a las Amazonas y a Morgana. Ha aprendido mucho, aumentado con esto su capacidad de respuesta. Su nombre comenzará a ser conocido, sobre todo para los Inquisidores.

***

"Emite un juicio y luego siéntate a esperar". Ese es el lema de la Inquisición. Las acusaciones sobre las mujeres crecen cada vez más:

herejes, promiscuas, incitadoras al sexo, poseídas por el demonio, sanadoras con hierbas que solo ellas conocen. Todo justifica su exterminio. Y más aún si estos juicios provienen de personas a las que se les da autoridad, como el caso de San Agustín que dijo que "los herejes y paganos se quemarían por siempre en el fuego eterno a menos que cumplan con las leyes de la Iglesia Católica".

La mañana se presenta gris. El encargado de preparar la ejecución trabaja desde hace varios días con un grupo de hombres. Son veinte mujeres las que van a ser quemadas esta vez. Para ello, se utiliza algo especial: el hombre de mimbre, una estructura hecha en madera, sostenida por troncos de árboles y cubierta con ramas que arden fácilmente. Este artefacto aberrante tiene la propiedad de exterminar, de una sola vez, a muchas condenadas.

Las reas, debilitadas por las torturas y la falta de alimento, caminan una detrás de otra unidas por una cuerda; van descalzas y como única indumentaria llevan el sambenito. El hombre que tira de la soga es de una apariencia que amedrenta; mientras arrastra a las reas, no para de proferir improperios hacia ellas. El público presente adhiere con gritos, insultos y empujones. Solo algunas mujeres están calladas. Son las que conocen la naturaleza de las condenadas y saben de su inocencia.

Llegan frente a la estructura de madera. En la base se encuentra una escalera. Las veinte acusadas son obligadas a subir por ella. A las más debilitadas, les cuesta hacerlo. El verdugo las empuja con crueldad. Sin que nadie se los indique, a medida que van entrando en esa especie de horno en forma de hombre, se sientan en el piso, entregadas a su destino. Una vez que todas están arriba el verdugo clausura la abertura de entrada con varias maderas; luego baja. Solo una acción extraordinaria puede salvarlas de un final tan horrendo.

Varios hombres con antorchas encendidas esperan la señal del Inquisidor. De pronto el cielo se oscurece y todos miran hacia arriba. Un ave negra, de dimensiones fuera de lo normal, se abalanza sobre los hombres con antorchas logrando que estos queden tirados en el piso. Y nuevamente el grito gutural vuelve a escucharse; es Pentesilea con un grupo de guerreras Amazonas. El miedo se apodera de la gente que empieza a correr para resguardarse. El verdugo toma una de las antorchas que está en el piso y prende fuego a las ramas que empiezan a arder. El ave, al observar lo que ocurre, baja con rapidez y frente a la mirada atónita del Inquisidor y su gente se convierte en una mujer. Lilith lo ha logrado.

Mientras las amazonas se hacen cargo de los victimarios, la heroína sube la escalera para rescatar a las prisioneras. El humo empieza a inundar la estructura quitándoles el oxígeno a las víctimas. Lilith saca las maderas que están tapando la salida. Las guerreras obligan a un grupo de hombres a traer agua y apagar el fuego. Lilith desata a las mujeres y una a una la carga en sus hombros para bajarlas; algunas de sus hermanas amazonas la ayudan, mientras Pentesilea con otro grupo reduce a la población.

El verdugo, que está en el piso, luego de haber sido golpeado por una guerrera, se levanta, toma una lanza y va hacia Lilith. No lo ve, solo siente un dolor agudo en su pecho y el calor de la sangre que empieza a correr por su cuerpo. El verdugo le acaba de clavar la lanza cerca del corazón. Hipólita al observar lo que ocurre descarga su hacha sobre el hombre, decapitándolo. Se acerca a Lilith, junto con otras mujeres, y la toma en sus brazos. La heroína la mira y le sonríe; Pentesilea la llama desesperada. Lilith deja de sentir el dolor, una fuerza sale de su cuerpo y se eleva. Desde arriba puede observar la escena. Pero ya no es un ave, es ella misma. Escucha una voz lejana, conocida: "Quédate, aún no es tiempo", pero lo sensación de paz que percibe la joven, fuera de su cuerpo físico, es mucho más poderosa.

SEGUNDA PARTE
En algún lugar del Planeta

Capítulo Once

La historia se repite

La luz que entra por la ventana de la habitación despierta a Laura. De inmediato toma conciencia que hoy es un día especial: su cumpleaños número treinta y nueve.

Se levanta y mientras prepara un café, mira hacia la plaza que se encuentra frente a su departamento. Allí una mujer embarazada, sentada en uno de los bancos, le recuerda a su madre. Llega a su mente el momento en que le preguntó, hace tiempo, cómo había sido su nacimiento.

—Apenas naciste, me llevaron a la habitación y allí fueron inmediatamente tu padre y tus abuelos.

Laura recuerda a su abuela, una mujer callada, fuerte, de la que aprendió que el amor no solo se puede expresar a través de las palabras sino también en el cuidado hacia el otro; cuidado que recibió de ella con comidas exquisitas que le preparaba cada vez que iba a visitarla, con ropa que le confeccionaba y fundamentalmente con su escucha. Su abuela tenía una enorme capacidad de escucha.

Luego de tomar el café, Laura se dirige al guardarropa a buscar algo para vestirse. Cuando abre la puerta, una caja cae al piso, desparramándose todas las fotos que había en ella. Se inclina para recogerlas y se detiene en una, la de su padre, que aparece al lado de otros hombres; su figura delgada y esbelta se destaca entre los demás. Su recuerdo la emociona; por un lado fue un hombre reactivo frente a cualquier situación que no pudiese controlar y por otro un ser necesitado de afecto, con una infancia muy triste. Hijo de la cultura patriarcal, él no sabía, porque nadie se lo había enseñado, cómo dar y recibir amor. Laura recuerda sus denodados esfuerzos por rescatarlo de la tristeza que se apoderó de él en sus últimos años de vida.

Otra foto familiar le trae la imagen de su madre. Se la ve divertida, jovial. Años atrás, conversando con su abuela materna, Laura le había preguntado:

—Mi madre… ¿Deseaba tenerme?

—Tu madre siempre tuvo miedo. Y cuando naciste también, temía que algo te pasara.

Laura creció evidenciando el miedo de su madre.

En ese momento suena el teléfono. Es Mercedes, su hermana, que llama para saludarla. Acuerdan encontrarse, junto a algunas amigas para cenar y festejar juntas.

Luego de cortar el teléfono, Laura recuerda cuando a los cuatro años, le dijo a su madre que le iba a pedir a dios que se llevara a Mercedes de vuelta. Su madre la reprimió enérgicamente.

Hasta los dos años, Laura se sentía la reina de la casa. Cuando nace su hermana no solo percibe que debe compartir ese reinado, sino que interpreta que es desplazada. Mercedes pasa a ser la culpable por haberle quitado la atención de sus padres.

Sigue buscando entre las fotos y sonríe al encontrarse con una donde están ella y su hermana de guardapolvo blanco; tendría unos 9 años. De pronto, la sonrisa se borra de su rostro cuando recuerda un suceso penoso.

En el colegio religioso donde hace la escuela primaria, llega a la parroquia un sacerdote joven muy apuesto, de quien las mujeres del barrio comienzan a hablar. Se trata de un hombre muy agradable y amoroso. Laura concurre asiduamente a la casa parroquial; una tarde él la invita a pasar y le pide que se siente sobre sus rodillas; ella lo hace y él comienza a manosearla. Laura queda inmóvil, muerta de miedo. Alguien entra de repente y el sacerdote la aparta de encima de él. Ella se va. No cuenta la experiencia a nadie; ¿quién le iba a creer que un hombre de dios fuese capaz de hacer algo así? Al poco tiempo el sacerdote es enviado a otra arquidiócesis debido a ciertos comentarios sobre su proceder que no lo favorecen. Laura siente alivio… Pero mucha culpa. Al mes le diagnostican nefritis y es internada en un sanatorio por muchos días.

Sigue buscando dentro de la caja y encuentra sus libretas de calificaciones. Era una alumna ejemplar; su auto exigencia la llevaba a superarse a sí misma todo el tiempo. Y es otra de las fotos la que hace que su pensamiento retroceda a través de los años y vuelva a provocarle un gran dolor, dolor que tampoco pudo superar. En ella aparecen familiares, en una reunión de navidad donde tendría alrededor de once años; y allí está la imagen de uno de sus tíos, un hombre muy divertido e inteligente que abusó reiteradas veces de ella. Y nuevamente recuerda la angustia de no poder hablar, de que no le crean, de que la acusen, de pensar que incita a los hombres a hacer algo pecaminoso. Al poco tiempo, enferma de artritis reumatoidea, requiriendo un tratamiento muy doloroso que dura hasta los dieciocho años.

Laura recuerda que una de las maneras de escapar a la angustia provocada por la sensación constante de abandono e indefensión, es imaginar que un príncipe maravilloso viene a su rescate, se enamora de ella y la cuida para el resto de su vida. Este hombre le demuestra que ella es importante y, fundamentalmente, que le importa a él. Esa ilusión le permite recuperar la esperanza, en algunos momentos, cuando la idea de muerte aparece; sobre todo cuando se va a dormir: al cerrar los ojos tiene la sensación de caer en un pozo negro, muy profundo, sin final. La conexión emocional con su abuela le proporciona cierto alivio, pero no es suficiente.

Vuelve a sonar el teléfono. Se trata de su amiga Viviana. Ésta la saluda afectuosamente y conversan durante un largo tiempo. Al cortar, Laura revive algunas imágenes: luego de terminada la escuela primaria, en donde aprende la idea de un dios controlador, donde debe cuidarse todo el tiempo de no pecar y es obligada a ir a misa todos los domingos, es enviada a otro colegio religioso para cursar la secundaria. Allí conoce a Viviana, con la que comienza una amistad entrañable.

Un día, una de las religiosas la llama y le dice que la relación que está teniendo con su amiga es una relación lésbica y que, por el bien de ambas, debe dejarla: dios castiga ese tipo de relaciones. Laura no logra entender lo que ocurre; el amor por su amiga es normal, le explica a la monja, la que contesta que por ahora lo es, pero con el tiempo pueden pasar cosas terribles. Viviana, que también es entrevistada por la religiosa, al enterarse del supuesto sentimiento que su amiga tiene por ella, se asusta y decide no volver a hablarle. Laura recuerda haber entrado en una profunda tristeza, sentirse un monstruo por albergar sentimientos, a juicios de la religiosa, pecaminosos. Felizmente, tiempo después, ambas retoman la relación de amistad, natural, que habían tenido hasta allí. Sin embargo, Laura se cuida de que sus actitudes no sean mal interpretadas, cuestionándose todo el tiempo lo que hace.

Las enfermedades la siguen acosando. Participa de un grupo religioso donde inicia una amistad con uno de los chicos. Se lo comenta a su madre, ella le dice que no crea en él, que los hombres lo único que buscan es tener sexo con una mujer. Laura siente que el afuera es hostil y que ella debe cuidarse de no cometer pecado.

Un sobre la lleva nuevamente al presente. Lo abre y dentro encuentra una rosa seca y una tarjeta que dice: "Te amo. Gabriel". Laura sonríe y mientras guarda nuevamente lo que ha encontrado, rememora cuando conoce a Gabriel, su supuesto primer amor.

Un día de verano va a la playa con su hermana y una amiga. Allí ve a un muchacho que la deslumbra, ambos cuentan con diecisiete años. Él es alto, atractivo y con una personalidad avasalladora. Su amiga, que lo conoce, lo invita a sentarse con ellas. Él se dirige a Laura mientras habla; ella se siente no solo mirada por un hombre, sino por un hombre que cualquier mujer desearía. Cada domingo va a la playa para verlo. El joven aparece, habla con ella y sus amigas, y luego se va. Gabriel tiene novia pero le dice a Laura que quiere dejarla. Ella está dispuesta a esperarlo el tiempo que sea necesario; llega el invierno, se ven de tanto en tanto y conversan, o se cruzan en la calle, en un encuentro supuestamente casual provocado por ella. Ese hombre pasa a ser su obsesión. Se convierte en una adicta afectiva, asignándole una cantidad de tiempo desproporcionada al objeto de su deseo, otorgándole un poder extraordinario, sobrevaluándolo y adjudicándole el rol del que viene a rescatarla.

Mientras tanto, su búsqueda espiritual continúa. Siente que dentro de ella habitan dos mujeres, una sumisa, temerosa, con rígidas estructuras patriarcales y otra diametralmente opuesta, deseosa, segura, amorosa. Y al tiempo en que se debate entre esos dos mundos, las enfermedades se presentan con mayor asiduidad: infecciones en el útero, la vagina, los riñones y una inflamación frecuente en el estómago, los intestinos y el hígado; además de menstruaciones muy dolorosas.

Finalmente, el hombre de sus sueños se libera de su novia y comienza una relación con ella. Se siente la elegida haciendo todo lo que está a su alcance para agradarle; no ve quién es él realmente, sólo ve la imagen de fantasía que ha creado desde su más tierna infancia. Aprenderá con los años que, la adicción afectiva, lejos de desarrollar una relación madura, busca enredarse, fundirse, permanecer completamente conectado con su pareja. No podría ser de otra manera porque sus necesidades son inmensas, producto de su dolorosa sensación de abandono en la infancia.

Laura espera que su pareja sienta y haga aquellas cosas relacionadas con la fantasía que ha mantenido en su mente desde muy temprana edad, frustrándose sistemáticamente cuando percibe que ese hombre no se encuentra a la altura de su ilusión, hecho que la angustia y la enoja. Pero no deja de ser la mujer perfecta en que se ha convertido para él. Pensar que puede abandonarla, la remite a un dolor histórico que le resulta insoportable. Se alivia pensando que es solo cuestión de tiempo y que él va a cambiar.

Mientras tanto, Gabriel sigue sin mostrar compromiso en la relación con ella y mantiene relaciones paralelas con otras mujeres. Laura lo intuye; con los años aprenderá que una mujer sabe cuando su pareja le es infiel; pero decide, inconscientemente, mirar a un costado, esmerándose en ser cada vez mejor para él; al notar la diferencia con las demás, piensa que seguramente, la seguirá eligiendo a ella, abandonando a las otras.

Laura comienza a crecer como profesional. Es una mujer atractiva, con un cuerpo trabajado por la danza y la actividad física. A Gabriel le cuesta aceptar que ella sea autosuficiente; le genera sentimientos encontrados. Una noche le plantea que la deja; ella pregunta si hay otra mujer, a lo que él contesta que no, mentira que descubre al poco tiempo, descargando en la nueva elegida toda su ira, haciéndola responsable de que su hombre la haya abandonado.

Le cuenta a todo el mundo y, principalmente, a la familia de su ex novio que él la dejó, esperando que ellos hagan que Gabriel regrese a su lado. No lo ama, pero el hecho de ser abandonada vuelve a remover una antigua herida. Quiere controlar de alguna manera la situación, sin poder lograrlo; finalmente acepta lo ocurrido, por un tiempo, hasta que empieza la abstinencia a la droga que, en este caso, es el otro. Le produce una sensación de vacío que le resulta intolerable; hay momentos en que pareciera que le falta el aire para seguir respirando. Busca provocar un encuentro, lo llama aludiendo alguna excusa…, todo es válido para obtener la dosis de afecto necesaria para seguir viva.

Decide finalmente no volver a verlo. Forma una nueva pareja pero la sensación de estar incompleta persiste por lo que, con los años, da por terminada la relación. Así llega a su cumpleaños número treinta y nueve, siendo una profesional exitosa y sola.

Es cerca del mediodía, prepara el almuerzo y se sienta a comer.

Horas después, enciende la computadora y, para su sorpresa, se encuentra con una propuesta muy tentadora: viajar a una ciudad muy bella, dentro de su país, para realizar un trabajo relacionado con su profesión. Eso significa vivir en el lugar por algunos meses. No lo piensa demasiado, necesita retirarse, respirar un nuevo aire. Contesta inmediatamente que sí, no pudiendo ver, en ese momento, que su historia no resuelta la seguirá a donde vaya, porque está dentro de ella y no fuera.

***

La nieve cubre gran parte de las montañas que rodean la cabaña donde Laura se ha instalado hace unos meses. Observa extasiada la belleza del paisaje nevado a través de uno de los ventanales. Cubierta con una manta, acurrucada en un sillón, hojea un libro de Nadia Vidal. Sobre una mesa ratona, una taza de té humeante la acompaña.

Laura toma la taza, la huele; el olor a menta le trae la imagen de Nadia. Recuerda el día que se conocieron en el micro que la llevaría a su nuevo destino: al llegar a su asiento, observa a su compañera— una mujer algo mayor—, con una mirada dulce que le dice:

—Mi nombre es Nadia, ¿y el tuyo?

—Laura, me llamo Laura.

—Ponte cómoda—le sugiere Nadia—, nos espera un largo trayecto hasta llegar a casa. Si te gusta leer, tengo un libro que puedo facilitarte.

—Me apasiona la lectura —dice Laura—, ¿de qué se trata?

—Hierbas medicinales—contesta Nadia—. Adonde vamos encontrarás la mayor variedad de ellas que te puedas imaginar —comenta, entregándole el libro.

Laura lo mira y lee el nombre de la autora: Nadia Vidal.

— ¿Eres tú? —pregunta asombrada.

—Sí—dice ella sonriendo—. Soy médica naturista desde hace muchos años—. Y ahora escritora.

Laura, eufórica, le expresa su interés por conocer el uso de las hierbas. Nadia contesta:

—Cuando quieras te espero en mi casa. Vivo a pocos kilómetros del pueblo, muy cerca del cerro Uriarte.

Así comienza una relación entrañable donde Laura aprende algo que la apasiona, pasión que hereda de su abuela: el uso de las hierbas medicinales.

El sonido del teléfono la rescata de sus pensamientos obligándola a levantarse para atender. Es la voz de un hombre que se presenta como Juan Guiraoz; le explica que fue contratado para abrir un negocio de una firma internacional y que está necesitando una persona capacitada que lo asista. Había obtenido su número a través de un conocido de ambos. El trabajo de Laura le requiere solo mediodía por lo que cuenta con el resto del tiempo para hacer lo que quiera. Sin pensarlo contesta que sí. Acuerdan reunirse en un bar.

Cuando ella llega, él sale a su encuentro y se presenta, extendiéndole la mano:

—Hola, soy Juan; imagino que tú debes ser Laura.

Ella sonríe y extiende su mano para saludarlo. Se dirigen a una mesa, él le corre la silla y Laura, halagada por su caballerosidad, toma asiento. Conversan durante horas y Juan le expresa lo bella e inteligente que es ella. Laura siente que alguien nuevamente la ve. Ambos muestran su sorpresa ya que, siendo oriundos de ciudades cercanas, debieron viajar kilómetros para conocerse. Luego de ese día, empiezan a reunirse para hablar diferentes temas relacionados con el negocio. Laura se siente feliz por la propuesta. Convocan a otras personas y comienzan a trabajar.

Juan se presenta ante los ojos de ella como una víctima de sus ex mujeres, de sus hijos, de la vida. Laura, que tiene una gran necesidad de rescatar para luego ser rescatada, se va dejando seducir por este hombre que, por otro lado, es absolutamente brillante; sus conocimientos sobre los más variados temas, el haber viajado por todo el mundo, hablar varios idiomas, hacen que ella esté fascinada.

Él es frío, actitud que Laura justifica por todo el sufrimiento por el que ha pasado a lo largo de su vida; estructurado, algo que a sus ojos lo hace ver como poderoso; y muy crítico, capacidad esta que ella considera propia de los que saben.

Luego de un mes, una mañana él la llama:

—Laura, acaban de pedirme que me presente en mi ciudad; mi empresa está en problemas y requieren mi presencia. Por otro lado, nuestro trabajo aquí ya está encaminado y podemos dejarlo en manos de sus dueños.

A ella le produce tristeza la partida de este hombre con el que ha empezado a encariñarse. Además, aún le quedan dos meses para terminar con el contrato por el que se trasladó a esa ciudad.

Juan la invita a cenar, a modo de despedida. Esa noche la pasa a buscar. Cuando ella aparece, él se baja, le abre la puerta del auto y le dice:

—Bienvenida, mi reina.

La lleva a un lugar romántico, pide champagne y brinda por la mujer más hermosa e inteligente que ha conocido. Laura está deslumbrada. Se despiden con un abrazo. A la mañana siguiente ella despierta sintiéndose totalmente enamorada de Juan.

Cuando él llega a su ciudad, la llama y le dice que pensó en ella durante todo el viaje. Comienza a hablarle por teléfono todas las noches y conversan durante horas. Él la invita a que vaya a visitarlo. Laura accede. Cuando llega y durante los días que permanece en la ciudad, él la trata como a una verdadera reina. Le cuesta regresar. Ya de vuelta en su nuevo hogar, retoman las conversaciones telefónicas. Parece que al fin ha encontrado al hombre de sus sueños.

Durante sus conversaciones, a Laura le llama la atención las alusiones que él hace con referencia al pasado de ella, preguntándole de manera sutil sobre su vida sexual, queriendo saber si fue una mujer promiscua. Laura se deshace en explicaciones para demostrar que ha sido una mujer común, con relaciones comunes como cualquier mujer. Él parece creerle.

Pasan los días, él le manifiesta que la extraña y necesita verla. Ella no puede viajar. Una tarde, le llega un mail de su enamorado; Laura queda paralizada frente a la computadora al leerlo. Con palabras hirientes y burdas él la acusa de haber sido una puta en el pasado y habérselo ocultado. Ella no puede creer lo que ve; comienza a llorar desesperadamente. Habla con Nadia, quien le aconseja se aleje de la relación ya que no merece ser tratada de esa forma.

Días más tarde, una madrugada, él la llama:

—Te pido por favor que me perdones —le implora. Pero ella no cede—. Eres la mujer de mi vida, jamás amé a nadie como te amo a ti —le insiste llorando.

Laura, conmovida, decide perdonarlo y retoman la relación. Siente que vuelve a la vida. Viaja nuevamente y el encuentro es mágico. Al segundo día él vuelve con las alusiones referidas a su pasado, con palabras aparentemente inocentes, cuestionándola; a veces el interrogatorio es a nivel sexual, otras poniendo en dudas su inteligencia. Laura comienza, sin darse cuenta, a desestabilizarse. Piensa cada cosa que dice y hace por temor a que él las interprete de manera errónea. A medida que se convierte en una persona brillante adquiriendo cada vez mayores capacidades, él la critica permanentemente poniendo en duda todo lo que ella dice.

Laura no sabe que se encuentra ante un individuo perverso, un acosador moral, cuyo modo de relacionarse con el otro es a través de la manipulación, socavando paulatinamente su autoestima hasta lugares insospechados. Sus armas predilectas son la mentira, la humillación, las alusiones mal intencionadas. Su perversidad proviene de una combinación nefasta entre una fría racionalidad y la incapacidad de considerar al otro como un humano. Es un ser camaleónico que adopta la forma que necesita de acuerdo a las circunstancias, mimetizándose de manera tal con la situación que hace que su víctima no pueda percibir la diferencia entre realidad y ficción. Es un depredador natural que se apropia de la vida del otro, un otro que carece de vida propia.

Laura comienza a perder noción de quién es ella; continuamente él le habla de que los demás no la quieren, la usan y que él es la única persona que verdaderamente la ama y en quien puede confiar.

Finalmente, ella termina su contrato y regresa a su ciudad; él le propone que viaje y trabaje en su empresa tres días a la semana. Ella accede. Laura comprueba entonces la perversidad de él con sus empleados e intenta hacerle ver su actitud. Esta manera de ser conciliadora, siempre presente en Laura, altera a Juan. En una conversación, se entera que fue violento con sus ex mujeres; él se justifica diciendo que eran ellas las que lo llevaban a tal actitud.

Decide visitar a un analista. Le plantea la relación que tiene con este hombre. El terapeuta le dice que es ella la que está siendo masoquista, reforzando con esto su culpabilidad. Lamentablemente el psicólogo poco sabe sobre este tipo de perversos que tienden a paralizar a la víctima para que no pueda defenderse. Decide dejar la terapia.

Cuando él ve que ella intenta abandonarlo, pasa de ser victimario a víctima, haciendo referencia a una infancia muy dolorosa y al desamor de parte de su madre y las mujeres que pasaron por su vida. Laura, en esos momentos, asume el rol de rescatadora.

Ella puede observar su personalidad narcisista pero no sabe cómo proceder porque le teme. Él la mantiene en una relación de dependencia, como si fuera de su propiedad; ella no puede reaccionar, se siente confundida. Las palabras y gestos denigrantes de Juan, así como los ataques encubiertos, son sistemáticos.

Él continúa con sus insinuaciones, ahora basadas en la supuesta infidelidad de Laura. Ella sigue explicando que es inocente. Todo esto es posible gracias a la excesiva tolerancia de ella. Laura se da cuenta que esta relación no es normal pero, al haber perdido todo punto de referencia, lo excusa continuamente frente a los demás y frente a sí misma; espera que un día las cosas vuelvan a ser como al principio.

Cada vez que Juan se dirige a ella lo hace de manera fría, denigrándola en algunos momentos y con señales de condescendencia en otros. El efecto que produce esta manera, aparentemente anodina pero continua, es letal sobre Laura, la que llega a pensar que Juan jamás se detendrá.

Capítulo Doce
El principio del fin

Laura llega un jueves a casa de Juan. Cenan como de costumbre y él comienza con las insinuaciones sobre su infidelidad. Ella no reacciona, mantiene la calma, como siempre, utilizando las mejores palabras para convencerlo de su error. Se van a la cama.

—No voy a discutir contigo—dice ella—; lo que sostienes es absurdo—. Da media vuelta y se duerme.

A la mañana siguiente, Laura se levanta muy temprano, ya que entra a trabajar en el negocio de Juan a las ocho. Él despierta y se sienta a desayunar con ella. Le trae nuevamente el tema de la noche anterior:

—Jamás ninguna mujer me dio la espalda—le reprocha en un tono amenazante.

Ella se levanta, va a la cocina y comienza a lavar las tazas mientras, con mucha tranquilidad, le repite el discurso de su inocencia.

No lo ve venir. Juan la empuja contra una pared y con sus manos empieza a apretar el cuello de Laura, mientras le grita. Ella siente que el mundo se detiene y que sus pies están en el aire. No escucha lo que él dice, sólo ve el movimiento de sus labios y sus ojos enrojecidos. Piensa que va a morir.

En ese momento suena el timbre: es la señora que viene a limpiar. Al escuchar esto, él la suelta y sale de la cocina; abre la puerta de entrada.

—Buenos días, Graciela ¿Cómo está usted? —dice Juan con una sonrisa; su voz suena amable y tranquila.

Laura se da vuelta y continúa lavando las tazas. No puede reaccionar. La señora la saluda y ella contesta evadiendola. Sus movimientos son automáticos; va al baño, coloca maquillaje en su cuello para disimular las marcas de los dedos de Juan, se cambia y sale. Él permanece en su escritorio, trabajando frente a la computadora. Percibe que su presa se le escapa.

Laura llega a su trabajo, recibe a las empleadas y comienza su jornada. Siente que la que está allí no es ella. Cuando alguien le pregunta algo, contesta con monosílabos. En la tarde llama a una amiga y le cuenta lo ocurrido. Esta la invita a pasar la noche en su casa. Vuelve a lo de Juan aterrorizada, a buscar sus cosas. Él la recibe y se queda parado en la puerta. Ella acomoda todo en un bolso, sin hablar.

—Puedes quedarte si quieres—dice él impávido.

Laura no contesta y sale apresuradamente.

Va a casa de su amiga con la que cena en silencio; no puede hablar, ni siquiera llorar. Se acuesta con la sensación de no estar en su cuerpo. A la mañana se levanta y va a trabajar al negocio de su victimario. A primera hora, llega un cadete con un ramo de flores inmenso preguntando por ella. En la tarjeta solo dice: "Juan". A partir de ese momento, y hasta el final del día, él le envía un ramo de flores cada hora. Ya no queda espacio en el local donde colocarlas.

— ¿Quién tiene la suerte de haber encontrado un hombre tan maravilloso? —pregunta una clienta viendo las flores.

Laura sonríe de manera forzada. Al final del día él viene a buscarla, pidiéndole que lo perdone. Ella cede. Una vez más.

Laura no puede comprender el por qué de la violencia de Juan. Él la llama cada noche como si nada hubiese ocurrido; la llena de halagos y comentarios procaces. Ella se da cuenta que está en una trampa, pero no sabe cómo hacer para salir. Juan ha logrado, una vez más, el objetivo con su víctima: desestabilizarla y hacerla dudar de sí misma y de los demás.

Ella se plantea qué hizo mal, sin encontrar respuesta. Según él, es la culpable de todo lo ocurrido pero no logra entender de qué y por qué. A veces tiene la sensación de que Juan envidia su belleza, su juventud, su inteligencia; pero luego ese pensamiento desaparece cuando él le critica lo mismo que en otro momento realza.

Ella no puede comprender, por estar inmersa en la situación, que un individuo perverso tome a la víctima en sus manos y la manipule al punto de someterla a las humillaciones que él mismo padeció en otros momentos de su vida. Cualquier alegría o logro de ella le resulta insoportable. Tiene una especie de necesidad de hacerle pagar el sufrimiento que él mismo vivió. Posiblemente no la vaya a matar, pero la anulará psíquicamente.

A medida que pasa el tiempo, Laura, a través de sus estudios e investigaciones, va adquiriendo mayor capacidad de respuesta frente a Juan. Él siente que ella se le va de las manos; eso le produce pánico y furia. Ella no se calla como antes. Todo lo que él decía a través de expresiones sarcásticas, ahora lo dice abiertamente. El no ha pasado del amor al odio ya que es incapaz de sentir amor; es su envidia la que se convierte en odio. Su deseo nunca fue un deseo sobre la persona de Laura, sino sobre lo que él considera que ella tiene demás y querría que fuese suyo; y por otro lado, hay un odio ligado a la frustración que él siente porque no puede obtener de ella tanto como desearía.

Laura va a asistir a un Congreso y él le prohíbe que vaya. Ella ignora su orden y concurre de todas maneras. Esa tarde, Juan la llama por teléfono para decirle que la relación entre ambos está terminada. Laura siente un profundo alivio; los días siguientes disfruta como no lo hace desde mucho tiempo atrás. Pero el bienestar dura poco.

Una mañana se sienta frente a la computadora, abre su correo electrónico y ve un mail de él con el título: Laura y Pablo; éste último es su profesor en la nueva carrera que ella está cursando, del que le ha dado muy buenas referencias a Juan, en diferentes oportunidades, exaltando la inteligencia de Pablo y su capacidad para enseñar. Cuando Laura lee el mensaje, su corazón comienza a latir muy fuerte y estalla en un llanto. El mail, con copia a Pablo y a la esposa de éste, relata con palabras burdas, la supuesta relación entre Laura y su profesor, que Juan ha descubierto. Se coloca así en una situación de legítima defensa, propia de los perversos, aludiendo ser víctima, en este caso, de una infidelidad. En tono sarcástico, cuenta con detalles los encuentros amorosos de los supuestos amantes y termina diciendo que ambos pagarán por lo que han hecho.

Laura siente que lo que vive es irreal. No sabe cuánto tiempo pasa hasta que reacciona; se levanta temblando y busca el número de teléfono de su profesor. Lo llama.

—Te escucho, Laura —dice él en un tono cortante—. Estamos aquí con mi esposa esperando tu explicación.

Ella, avergonzada por lo que ha hecho Juan, explica su relación con él, pidiendo disculpas mientras llora y expresa su consternación. Pablo dice que tomará medidas al respecto.

Los mails siguen llegando. El sarcasmo de Juan y su odio hacia Laura y Pablo crece hasta límites insospechados por ella. Les exige que se encuentren con él para confesar la infidelidad, acto que hará que él los perdone. De no ser así, morirán. Da entonces, su golpe de gracia.

Una vez más Laura se sienta frente a la computadora, temblando por lo que Juan pudiera hacer. Pero esta vez la sorprende con algo diferente. Laura lee el título de un mensaje escrito con palabras procaces; desconoce quién lo envía. Cuando lo abre se encuentra con un aviso que ocupa toda la pantalla. En el aviso se ve su rostro y un mensaje ofreciendo sus servicios como prostituta; también figura su teléfono personal. En otro email Juan le anuncia que ese aviso será enviado a bases de datos de todo el país, comenzando por sus allegados. Laura se siente desbastada. Cae enferma, con mucha fiebre.

Pablo la llama para contarle que va a iniciar un juicio penal contra Juan y que necesita que vea a su abogada para poder realizar en conjunto la demanda. Laura la llama por teléfono y acuerda una entrevista; la abogada le dice que, en la puerta de entrada de su estudio, va a haber dos policías de civil por si Juan busca agredirla.

Al día siguiente, en un taxi se traslada a la oficina de la legalista. Al llegar ve a los dos hombres apostados en la entrada. Sube en el ascensor y se anuncia a la secretaria.

—Tengo una entrevista con la doctora Edith —dice.

La joven le pide que aguarde y minutos después la hace pasar.

Edith es una mujer alta, de contextura robusta y que se muestra muy segura de sí misma. Se levanta de su sillón y saluda a Laura. Sobre el escritorio hay un vaso de whisky con hielo. Comienza a tomarlo; le ofrece a la joven pero ella no acepta. Acto seguido prende un habano.

— ¿Sabes? —dice—. Mis favoritos son la marca *Romeo y Julieta*... —y le pide a Laura que le relate los hechos.

Cuando esta termina, Edith comenta que el día anterior le envió una intimación a Juan para que se presente, dialoguen y puedan llegar a un acuerdo. La citación es en 15 minutos.

Él no se presenta pero le envía un ramo de flores a Edith con el texto: "A una gran mujer". Laura está desorientada y lo expresa. La abogada le dice que se tranquilice, que ella está acostumbrada a los perversos. Cuenta que uno de ellos, por ejemplo, le envió en una oportunidad, en un sobre, un dedo humano. Y sigue bebiendo su whisky.

Llama entonces a su secretaria pidiéndole el teléfono de Juan. Edith disca, poniendo en altavoz el teléfono para que Laura pueda escuchar. Juan atiende. Cuando la abogada se identifica, él, con una voz seductora, se excusa por no haber podido ir aludiendo que tenía cosas más importantes que hacer. Continúa hablando, de manera sarcástica como es su estilo, intentando intimidar a Edith.

—Ingeniero—lo interrumpe la abogada en un tono severo—, usted es de los que para mostrar su poder necesitan mirar para abajo y ver lo que le cuelga. En cambio a mí me basta con mirar a una persona a los ojos para demostrar quién soy.

Laura pasa de la incertidumbre a la admiración. Edith está poniendo a Juan en su lugar. Le recuerda a una de las heroínas de las Amazonas, mujeres por las que siente un profundo reconocimiento. La abogada concluye la conversación diciéndole que tendrá, en breve, noticias de ella.

Edith le expresa a Laura que su objetivo es hacer un allanamiento en casa de Juan y confiscar sus computadores para saber de dónde proceden los emails ya que se trata de una cuenta desconocida.

Para esto envía a Laura a la oficina de delitos informáticos. Y allí se inicia una investigación. Para sorpresa de ella, encuentra que son muchas las mujeres víctimas de ese tipo de agresión virtual.

Laura, agotada, regresa a su casa. A la noche, un nuevo email de Juan la alarma. Él le propone un juego macabro.

—A partir de este momento te voy a asignar un determinado puntaje. Si haces lo que te pido, todo estará bien; en caso contrario, te empezaré a descontar puntos con consecuencias nefastas.

En los próximos días, gracias a las acciones eficaces de la abogada, las computadoras de Juan son confiscadas. Él le escribe a Laura minimizando el hecho, diciéndole que por no haber sido una buena mujer ha perdido los primeros diez puntos. Ella está desesperada. Juega con la fantasía de matarlo y poder terminar con esto.

Juan, como todo perverso, pretende que se acabe identificando a su víctima como malvada, de manera tal que esa malignidad se vea como algo normal. Su objetivo es corromper. Y alcanzará el máximo placer cuando consiga que Laura se vuelva tan destructora como él. Su mayor fracaso sería no conseguir atraerla al registro de la violencia. Esta es la única manera de evitar que su perversidad se propague y Edith lo sabe.

Los emails de Juan continúan. Laura tiene orden de la abogada de no contestar y así lo hace. Eso lo llena de furia y sigue amenazándola. Ella nota que él está debilitándose. Jamás esperó que Laura le hiciera un juicio penal. El allanamiento de su casa y la confiscación de las computadoras es un golpe certero.

Laura se da cuenta que está jugando el juego de Juan y necesita salir de eso, plantear ella sus propias reglas; pero ignora cómo hacerlo. Sabe que sola no puede. Piensa en esto todo el tiempo y una vez más se vuelve a cumplir la regla: cuando el "qué" está claro, los "cómo" aparecen.

Una mañana le llega un email comunitario anunciando un seminario dirigido a la mujer a cargo de Sara Velázquez, reconocida terapeuta psicocorporal. Laura se alegra muchísimo ya que ha leído todos los libros de Sara y en varias oportunidades intentó asistir a sus talleres.

Llama al teléfono que figura en el anuncio. La atiende una mujer muy amable que le proporciona todos los datos que solicita. Laura le pregunta su nombre.

—Sara —contesta.

— ¿Tú eres Sara Velázquez? —pregunta azorada.

—Sí —responde la mujer con naturalidad.

Inmediatamente la joven le expresa su admiración y el hecho de intentar conocerla desde hace años. Para su sorpresa, la terapeuta la invita a su casa.

Laura llega la tarde siguiente a la residencia de Sara. Toca el timbre y una señora mayor la hace pasar pidiéndole que aguarde en un patio de invierno. El espacio es acogedor, cálido, con imágenes de diosas ubicadas en distintos lugares y móviles de colores. El viento que entra por la ventana los hace sonar produciendo una música que a la Laura le resulta sagrada.

Apenas se ven, ambas quedan mirándose a los ojos unos segundos; tienen la sensación de conocerse de algún lugar. Laura piensa que quizás lo que siente es que ya ha visto la imagen de Sara en sus libros; pero va más allá del aspecto físico. Le expresa que hace mucho tiempo que desea conocerla.

—Todo ocurre en el momento perfecto —contesta la terapeuta.

Sara es de esas mujeres a las que resulta difícil asignarle una edad. En algunos momentos es una anciana sabia y en otros ríe y hace bromas como una jovencita. Sin embargo, su poder personal es arrollador. Ambas comienzan a hablar de manera muy amena. Laura le cuenta su necesidad de abordar un tratamiento terapéutico. Acuerdan las condiciones. Continúan conversando sobre diversos temas. Dos horas después Laura se retira. Decide caminar un rato. Tiene una sensación extraña. Sabe que ha dado el primer paso en su proceso de transformación personal. Percibe que el inconsciente colectivo femenino está viniendo a su rescate. Primero en la figura de Edith y ahora en la de Sara.

Capítulo Trece
Removiendo las cenizas

Es el día en que Laura va a la entrevista con Sara. Se siente eufórica y nerviosa al mismo tiempo. Cuando llega, aguarda unos minutos en el patio interno, luminoso y lleno de plantas. Nuevamente el sonido producido por los llamadores que cuelgan del techo la transporta a un lugar incierto y mágico. Los mira fijamente mientras las imágenes de los últimos acontecimientos ocurridos pasan por su mente. La voz de Sara la saca de sus pensamientos. Entra al consultorio y toma asiento. Las dos están frente a frente y ambas perciben la misma familiaridad que la vez anterior.

— ¿Estás cómoda? —pregunta la terapeuta.

—Sí —contesta la joven, embriagada por el olor a copal.

—Bien. Te escucho.

Laura explica con detalles todo lo ocurrido en su relación con Juan.

— ¿Cómo están las cosas ahora? —interroga Sara.

—Juan ha enviado a algunos de mis amigos el email donde me presenta como prostituta. Ellos me han llamado para expresarme su apoyo incondicional. Me siento devastada.

— ¿Quién tiene el poder ahora, tú o Juan?

—Juan, por supuesto. Siempre lo tuvo.

—Poder es tener lo que el otro necesita —dice Sara—. Si no hay autoridad, no hay poder —luego de unos momentos, pregunta—: ¿Qué es lo que admiras en una persona?

—Su capacidad de respuesta, que no sienta miedo frente a nada ni a nadie.

— ¿Juan es así?

—Sí —responde con tristeza.

—Y tú, ¿consideras que tienes esos atributos?

—No...

—Es decir —concluye la terapeuta—, que Juan tiene lo que tú necesitas. Tiene poder y además puede ejercerlo porque tú le das autoridad. La palabra autoridad viene del latín *augure* que significa aumentar. Es la capacidad de influenciar, mandar o dirigir. Si no hay autoridad, no hay poder.

Laura la mira sorprendida. Lo que acaba de escuchar le hace sentido.

— ¿Qué es lo que más temes ahora? —pregunta la terapeuta.

—Que Juan envíe esos emails a todos.

— ¿Y qué pasaría si lo hace?

—Todos van a pensar que soy una prostituta.

—¿Lo eres?

—No —contesta Laura.

—Entonces, si estás convencida de no serlo, ¿por qué te preocupa que los otros duden de quién eres? De hecho, tus amigos que lo recibieron te expresaron su apoyo...

—No me preocupan ellos... Me preocupan los que no me conocen y que luego me señalen como tal.

—Repito—dice Sara—, si estás segura de quién eres, ¿por qué te preocupas qué puedan pensar los demás de ti?

Laura se queda callada. Entiende que lo que dice Sara es lógico pero no puede dejar de aterrarse frente a la posibilidad de ser señalada como una prostituta.

—Laura —dice Sara con ternura—, no hay depredador externo si no hay uno interno que le dé letra. ¿Qué es el miedo para ti? —vuelve a indagar.

—No sé... Algo terrible, que me inmoviliza.

—Veamos un ejemplo: supongamos que tú perteneces al grupo de bomberos voluntarios de la ciudad y ambas estamos en el décimo piso de un edificio. Allí también se encuentran otros empleados en sus respectivos escritorios. Alguien irrumpe sorpresivamente en la sala y grita: "¡Fuego!", pidiendo que evacuemos el lugar. Las otras mujeres y yo, posiblemente, quedaríamos paralizadas o saldríamos corriendo desesperadas, presas del miedo. ¿Qué harías tú, en ese caso?

—Primero trataría de que mantuvieran la calma y luego organizaría la evacuación.

—¿Podemos decir, entonces, que tú eres valiente y nosotras cobardes? —regunta la terapeuta.

—No —enfatiza Laura—, el tema pasa porque yo sé responder ante una situación de esas características y ustedes no.

—Conclusión —dice Sara—, el miedo surge cuando una amenaza desborda tu capacidad de respuesta. Hoy, frente a Juan, lo que no tienes es capacidad de respuesta.

—Dicho así, suena diferente —dice Laura entusiasmada—, porque me lleva a buscar la forma de responder.

—De eso se trata. ¿Qué pasaría si frente a una situación que no puedes resolver, en lugar de decir que tienes miedo, dijeras que no tienes capacidad de respuesta? —y continúa—. Buscarías los recursos necesarios y, de no tenerlos, pedirías asistencia —Laura queda pensativa; Sara sigue hablando—. Cuando percibes una amenaza, todo tu cuerpo se prepara para luchar frente a ese posible ataque y se producen reacciones biológicas que alteran tu equilibrio físico y emocional. Estás activando el programa de defensa, algo que es lógico y que responde a tu supervivencia. Ahora bien, ¿qué ocurre cuando percibes una amenaza constante? Tu cuerpo se prepara para el ataque pero, al aparecer el miedo, la agresión queda en suspenso y se produce un conflicto biológico que te lleva a comportamientos extraños tales como un cansancio que no logras revertir a pesar de dormir más horas. Hay ataque y huída al mismo tiempo. Y esa es la sensación de devastación que hoy tienes y el origen de las llamadas enfermedades... Pero éste último tema lo trataremos en otro momento. Necesitas trabajar sobre tu capacidad de respuesta —le expresa Sara—, para salir del rol de víctima en el que te encuentras y poder pararte frente a esta situación que hoy traes y frente a cualquier otra, como protagonista.

—Pero es muy difícil —dice Laura apenada.

—Difícil es un juicio, una interpretación que te pertenece, que no habla de cómo las cosas son sino de cómo tú las estás viendo. ¿Tú crees que para Edith es difícil conversar con Juan?

—No—responde Laura, recordando la escena en la oficina de la abogada—. De hecho me encantaría poder contestarle como ella. Ella sí tiene capacidad de respuesta —luego de decir esto se queda pensando unos segundos y concluye—. Entiendo, es por eso que no le tiene miedo.

Sara sonríe.

—Las cosas son como son y no como deberían ser. Toda situación que se presenta es un desafío con determinada complejidad. El tema pasa por quién soy yo frente a la complejidad del desafío. Si converso con lo difícil de la situación, si busco culpables, si vivo recreando el pasado..., me convierto en víctima y la víctima no acciona, se inmoviliza esperando que desde afuera algo o alguien venga a su rescate. En cambio, si me paro frente a la situación, veo si cuento o no con las herramientas para enfrentarla y, de no tenerlas, busco asistencia, es ahí donde me convierto en protagonista; donde paso a ser una persona poderosa, capaz de generar resultados extraordinarios.

—Observando mí vida—agrega Laura—, me doy cuenta que la mayoría de las veces he estado en el rol de víctima. Por eso he sido presa fácil para Juan.

—Te aclaro—dice Sara—, que la víctima se construye, no nace. Somos producto de una historia. La clave es comprender que nos estamos relacionando con una situación, con una persona, de una manera aprendida. Cuéntame tu historia —continúa la terapeuta—, háblame de tus padres, de tu infancia...

Laura relata con detalles todos los acontecimientos ocurridos en sus primeros años de vida y continúa con su adolescencia. En algunos momentos, angustiada, deja de hablar y luego sigue, expresando esa sensación constante que tiene y que la acompaña todo el tiempo, de sentirse dividida, escindida, como si dos mujeres la habitaran. Sara toma, entonces, la palabra:

—Cuando nacemos, el mundo ya está hecho. No somos nosotros los que entramos en el mundo sino el mundo el que entra en nosotros. Y una de las entradas calificadas es la de nuestros padres. Entre los 9 meses y los 16 meses de edad, cuando te mirabas al espejo, sonreías. Tus ojos veían una figura pero tu cerebro no sabía que eras tú. Esta es la primera etapa del "yo" donde ves algo pero no sabes qué es. Solo a partir de la presencia del otro, tu madre sobre todo, es cuando comienzas a incorporar esa imagen como la tuya. Sin esa presencia no lo hubieses podido hacer. Ella y los otros son los que te dicen que esa eres tú y así tu "yo" siempre estará mediatizado por la presencia de otro. Otro que te cuenta una historia sobre cómo debes ser para que te quieran, una mirada sobre la vida que no tiene que ver con la verdad sino con cómo ellos la interpretan; interpretación que, a su vez, han heredado de sus ancestros.

— ¿Y por qué, a pesar del paso de los años, siempre nos vuelve a ocurrir lo mismo? —pregunta Laura con interés.

—Por algo que tiene que ver con nuestra biología —responde Sara—. En el momento del nacimiento, carecemos de corteza cerebral, que es la parte del cerebro que discrimina y analiza. De esta manera, nuestro cerebro guarda todos los estímulos que recibe con su respuesta, a modo de programa, para no tener que armarlo e instalarlo cada vez que surge un nuevo estímulo.

—Dame un ejemplo, por favor.

—Supongamos que cuando tenías dos años se te acercó un perro, lo acariciaste y te mordió. La próxima vez que otro perro se te acerque te vas a poner a llorar. Para ti un perro pasa a ser sinónimo de agresión y cada vez que veas uno comenzarás a angustiarte activando tu programa de defensa. No puedes razonar que se trata de otro perro y que no tiene por qué ser igual al anterior.

—Comprendo —responde Laura.

—Toda la información que recibes durante los primeros siete años de vida es etiquetada y archivada de modo que resulte fácil de recuperar en el momento en que la necesites. Durante ese período, tu cerebro, por carecer justamente de esa parte que razona y discrimina, puede recibir hasta cincuenta mil estímulos por segundo frente a los cuarenta estímulos que puede integrar un adulto que ya ha desarrollado la corteza cerebral. Pero la trama de nuestra historia comienza a tejerse antes de llegar al mundo y tiene que ver con los hechos, pensamientos y sentimientos que ocurrieron durante la concepción, el embarazo y el parto. Es necesario reconocer y evaluar estos parámetros para poder percibir claramente por qué nos pasa lo que nos pasa en todos los aspectos de la vida: en las relaciones, en la profesión que elegimos, en el trabajo, en las decisiones que tomamos. A medida que fuiste creciendo, Laura, y te transformaste en una adulta, todos los sucesos que viviste fueron y son analizados por este molde. Por eso no es correcto decir soy así, sino "aprendí a ser así". Tú historia, la historia de todos nosotros, está plagada de mandatos familiares —continúa la terapeuta—, modelos mentales que se transmiten de generación en generación y que expresan un modo particular de cómo cada familia, tu familia, y cada uno de sus integrantes, se ha ido relacionando en todos los aspectos de la vida. Y todo lo que te transmitieron lo tomaste como verdad porque venía de personas a las que les dabas absoluta autoridad.

— ¿Y cómo hago para salir de esa encrucijada?

—De acuerdo a lo que te expuse —dice Sara— puedes observar que vives de una manera aprendida que te lleva a determinados pensamientos, sentimientos y sensaciones, que te predisponen físicamente y eso hace que te expreses con un lenguaje determinado, con palabras que recrean lo que llamas realidad. Es necesario entonces desarrollar las capacidades que te permitan pararte frente a las situaciones que se te presentan, de una manera elegida y no como producto de algo que se dispara en automático.

—Entonces —interviene Laura—, ¿cómo son las cosas?

—No sabemos cómo son las cosas, solo sabemos cómo las interpretamos, y son esas interpretaciones el origen de la mayoría de nuestros conflictos.

— ¿Quiere decir entonces —dice Laura, preocupada—, que lo que me dijeron mis padres, la religión, no es la verdad?

—Exactamente —dice Sara—, y lo que yo te traigo tampoco es la verdad.

Laura la mira sorprendida.

—Todos. Tus padres, la religión, cada uno de nosotros emitimos juicios, opiniones, interpretaciones que no son ni verdaderas ni falsas, sino fundadas o infundadas. Todas nuestras concepciones acerca del bien y del mal, de la justicia, de la sabiduría, están basadas en el supuesto de que se trata de algo objetivo cuando, en realidad, depende de la persona que emite el concepto, de quién es ese observador que ve lo que ve; hay tantas realidades como personas dispuestas a verlas.

—Pero si yo digo —interrumpe Laura— "eso es una mesa", tú ves lo mismo que yo.

—En ese caso—explica Sara—, no estamos hablando de un juicio sino de una afirmación.

—Explícame un poco más —dice Laura con interés.

—Tomemos el caso de la mesa—propone la terapeuta—; todos, en nuestra sociedad, hemos acordado que una superficie plana sostenida por tres o cuatro patas se denomina mesa. Podemos proporcionar evidencia de que lo que decimos es verdadero. Si digo "hoy hace dos grados bajo cero", hay un termómetro que mide la temperatura y lo demuestra. En cambio si digo "esa mesa es linda" u "hoy hace frío", esas son interpretaciones que me pertenecen, que no describen cómo la mesa o el clima es sino cómo yo lo percibo. Los juicios muestran la capacidad generativa del lenguaje. Juan dice que eres una prostituta —agrega Sara—, ¿se trata de una afirmación o de un juicio?

—De un juicio.

— ¿Fundado o infundado?

—Infundado.

—El juicio—dice Sara—, siempre vive en el observador que lo formula. No habla del otro sino de quién lo emite. Pero aquí no estamos para ver el motivo por el que Juan dice lo que dice sino por qué tú lo tomas como verdad. En algún lugar, el juicio de prostituta, promiscua, te hace sentido.

Laura se queda callada, las imágenes de los hechos ocurridos en su infancia con su tío y el sacerdote aparecen y la angustian. Se lo comenta a la terapeuta.

—En primer lugar—dice Sara—, es necesario aprender a separar hechos de interpretaciones. Y es desde ahí donde te invito a que analicemos todos los acontecimientos de tu vida. Desde el momento en que naciste, te han puesto dentro de una estructura y te han dicho cómo moverte en ella. Se trata de una estructura que no es natural, que nada tiene que ver con tu esencia, pero dada tu vulnerabilidad, la de todos cuando llegamos al mundo, lo único que podemos hacer es tratar de amoldarnos; y ese es el origen de todos nuestros sufrimientos.

—Vamos a dejar aquí —propone la terapeuta—. Te pido que hagas el ejercicio de revisar tu historia y separar hechos de interpretaciones. Luego haz una lista de todos los mandatos que te han transmitido o escuchaste, y busca fundar esos juicios con hechos observables. Tráelo para nuestro próximo encuentro.

Laura le agradece con lágrimas en los ojos. Sin dudas ha aprendido mucho en este día. Se despiden con un abrazo. Sara cierra la puerta y camina hacia el patio, se sienta en un sillón y se acomoda. Coloca la mano en el pecho, mientras sonríe mostrando cierta complicidad.

Capítulo Catorce
Una observadora diferente

En la siguiente entrevista, Sara revisa con Laura la lista de mandatos familiares que ésta trae. Los mandatos están relacionados con lo que ella debe ser para que la consideren una buena niña, con cuidarse de no ser vista como una puta, con aceptar todo lo que le ocurre porque, según su religión, lo merece como castigo por haber hecho algo malo y, de no haberlo hecho, deberá tomarlo como una prueba a superar que su dios le impone para ser mejor persona.

— ¿De dónde crees que surge la idea del bien y del mal? —pregunta la terapeuta.

—Del mito del paraíso—contesta Laura.

— ¿Y eso es verdad? —interroga Sara.

—Supongo que se usó esa historia para explicar algo.

— ¿Qué? ¿Qué es lo que se quiso transmitir?

—Que debemos obedecer a dios y que de no hacerlo, seremos castigados—responde Laura—. De hecho lo fuimos; nosotros, los descendientes de Adán y Eva, nacimos con el pecado original y, si bien el bautismo nos libera, quedamos atrapados en un discurso que permanentemente nos deja en falta.

—Lo que acabas de decir, ¿es una afirmación o un juicio?

—Un juicio—contesta Laura—, es una interpretación que le pertenece a las personas que lo escribieron.

— ¿Fundado o infundado? —continúa la terapeuta.

—Infundado. No hay hechos observables que muestren que las cosas ocurrieron de esa manera; por eso se llama dogma de fe, dentro de la religión, a todo aquello que no se puede demostrar.

—Es decir—interviene Sara—, todo aquello que no puedes demostrar, o todo aquello con lo que no acuerdes, debes aceptarlo porque lo dice alguien a quien le das autoridad. El cuerpo humano es un cuerpo que piensa, siente y desea y no puede, sin que eso le genere conflictos, llevar pensamientos por un lado, sentimientos por otro y deseos por otro, como se nos ordena que hagamos. Y que, por el contrario, el placer no debería sacrificarse en nombre de lo que se debe hacer, según la autoridad de turno .Te propongo que analicemos los supuestos hechos—invita Sara—:por un lado tenemos una mujer llamada Eva que no solo desobedece la ley imperante sino que además incita a un hombre a que lo haga; el hombre aparece como inocente, inducido a hacer lo que no corresponde, seducido por esa mujer; ambos son castigados y condenados de por vida. Pero también tenemos otro personaje anterior a Eva, Lilith. ¿Conoces su historia?

—Sí—responde Laura—, Lilith, la primera mujer de Adán, que fue expulsada del paraíso por querer estar encima de él durante la relación sexual. Su condena fue aparearse con demonios y parir demonios.

—Tenemos, entonces, dos arquetipos de mujeres: Eva, la que es castigada por haber desobedecido la ley, que debe reprimir sus deseos por ser considerados pecaminosos, y aceptar solo la sexualidad que depende del falo del hombre.

— ¿Pero hay otra sexualidad?

—Por supuesto—asevera la terapeuta—; los juegos y bailes entre nosotras, el autoerotismo, la intimidad y complicidad que logramos las mujeres cuando nos reunimos, la sexualidad coital y el parto orgásmico forman parte de la sexualidad femenina. Es en esos momentos donde una gran cantidad de oxitocina se produce en nuestros cuerpos provocándonos un enorme placer. El otro arquetipo —continúa Sara—, es el de Lilith, la que no se somete y es considerada, a los ojos del patriarcado, un animal que provoca al hombre, una puta, una bruja que utiliza los más bajos artilugios para lograr sus objetivos. A estas mujeres, la inquisición las hace pagar con la muerte porque son peligrosas para los fines del patriarcado, porque no se someten, porque cuestionan. Pero yo conozco otra historia sobre el mito del paraíso, diferente a la que tú conoces.

—Cuéntamela —pide Laura muy interesada.

Sara le relata la historia sobre Lilith, la hermana de Eva. Al escucharla, Laura se muestra confundida.

— ¿Cuál es la verdadera?

—Ambas provienen de un mito, un saber, un decir—contesta Sara—; la primera es producto de un discurso que pretende eliminar el poder femenino a través del control y del miedo. El pecado original es un invento y esto demuestra la inocencia e ingenuidad del ser humano que puede creerse ese cuento y dejarse domesticar. De hacerlo, recibirá como premio la resurrección, sin saber cómo, cuándo, ni dónde. Mientras tanto debe vivir en este valle de lágrimas que es la tierra; de no hacerlo, será castigado con enfermedades, podrá perder un hijo, sus bienes y terminar en el infierno.

—Pero conozco personas creyentes que igual se enferman o pierden un ser querido—dice Laura consternada.

—En tal caso deberán aceptarlo, según dice su religión, porque es una prueba de fe. De todas maneras, siempre están perdidos.

—Pero en algo hay que creer—dice Laura, con cierto enojo.

—Por supuesto, pero sería conveniente para ti elegir un mito que te permite acceder a la realidad que deseas; por ejemplo, un dios amoroso, en el que puedas encontrar refugio, que no castigue tu sexualidad o determine con qué o quién debes relacionarte.

—Pero él lo hace por nuestro bien.

—Laura—dice la terapeuta—, si tuvieras un hijo, ¿lo apretarías hasta el punto de llegar casi a ahorcarlo para que aprenda una lección?, ¿lo castigarías con golpes físicos o emocionales por haber hecho algo que, a tus ojos, no corresponde?

—No, jamás.

—Entonces —dice Sara—, ¿por qué ves bien que tu dios lo haga?

—No, no lo veo bien. Pero debo aceptarlo.

—¿Qué ocurriría si no lo aceptas?

—Sería castigada—contesta Laura.

—De acuerdo a lo que me has contado, siempre hiciste lo que te dijeron que había que hacer y, aún así, fuiste castigada.

Laura queda pensativa. Sara prosigue.

—Dentro de cada una de nosotras hay dos arquetipos: el de Lilith, una mujer segura de sí misma, que sabe lo que quiere y va en busca de ello, que no queda atrapada en lo que los demás dicen de ella, que disfruta, sin culpas... Es una mujer amorosa que solo reacciona si ella o alguien de su territorio está en peligro, que confía en su poder personal. Es una sabia que acompaña a otras mujeres en el camino del auto cocimiento. Y, por otro lado, el de Eva: una mujer sumisa, con miedo, que vivió con una madre temerosa que le mostró que el mundo es hostil, que es un ser incompleto y debe buscar completarse a partir de un hombre, volviéndose dependiente de él, uniéndose a él desde la necesidad y no desde el amor, concepto que, desde lo religioso, está asociado a dolor, sufrimiento y muerte. De hecho, hablan de que el hijo de dios muere en la cruz para salvar a la humanidad, obedeciendo a su propio padre. Léase esto: cuanto mayor es el sufrimiento, más grande es el amor.

— ¿Tú dices entonces que dios no existe?

—No, Laura, eso es lo que tú interpretas de acuerdo a lo que he dicho. Lo que yo te traigo, y es mi mirada, es que el dios en el que crees es producto de personas que utilizaron ese modelo para poder dominar a los hombres. Además de inventar un dios controlador, que se impone por el miedo, crearon un discurso hegemónico, generando en la escucha del niño un condicionamiento que lo llevará a cumplir, irremediablemente, con el destino familiar, aunque en ello se le vaya la vida. Otra barbaridad creada por la cultura patriarcal es el castigo, tanto físico como emocional, tomado como correctivo, como dice la Biblia, "para enderezar el tallo cuando aún es tierno"; a esto se agrega el desamor expresado a través de palabras hirientes, humillantes, dichas con el objetivo de modificar a un ser que nace defectuoso, producto del pecado original. Y, para completar la lista de fabulaciones, llegan el tercero y cuarto mandamiento que ordenan y aseguran que ese ser, lejos de escapar de la trampa que le tiende el patriarcado, se someta a través del miedo. El miedo bloquea la inteligencia y luego, para reforzar el bloqueo, vienen los dogmas, el mito y la religión recubriendo pudorosamente la conciencia. El resultado de todo este escenario armado hábilmente hace que nos compremos la historia.

Laura escucha, asintiendo con la cabeza, mientras Sara continúa: —Y de querer intervenirla, de mostrar algún atisbo de rebelión, allí estará por un lado el padre imponiéndose a través del control; por el otro la madre una mujer que ha debido reprimir su sexualidad múltiple, que se ha vuelto insensible a las necesidades de la criatura, convertida en sujeto pasivo, defendiendo la autoridad del padre o, a falta de éste, convertida en machorra, asumiendo el rol del hombre autoritario y castigador. Por último, la religión, esperándonos con el boleto que, sin escalas, nos conducirá al infierno. Las consecuencias de este modelo —continúa Sara—, llevan a que la mujer genere parejas patológicas buscando su media naranja, ese hombre que la complete y que, a través de su mirada y su reconocimiento, la haga sentir valiosa. Y al estar a medias, también se encuentra con hombres incompletos, que buscan ser rescatados, nacidos en pecado e hijos del rigor. El ser humano termina perpetuándose en la búsqueda insaciable del bienestar que obtuvo en el útero materno; una búsqueda infructuosa que lo lleva a encontrar parejas que lejos de solucionar el conflicto, vienen a avivarlo.

— ¿Cómo salimos de la trampa? —pregunta Laura, con firmeza.

—Solo podemos intervenir aquello que conocemos—contesta Sara—. Necesitas seguir revisando tu historia, como lo vienes haciendo, comprender que todo lo que escuchaste hasta aquí son juicios. Toma sólo aquellos que te permitan acceder al bienestar; el resto, desestímalo. Sé consciente que lo que estás haciendo es repetir un discurso que no te pertenece y que estás presa de un destino que te exige no apartarte de las reglas porque, de hacerlo, deberás pagarlo de alguna manera. Una de esas maneras es a través de las llamadas enfermedades. Busca a tus pares, Laura—prosigue la terapeuta—. Las hembras disponemos de algunas reacciones ante el estrés, además del combate o fuga, que nos permiten protegernos a nosotras mismas y a nuestras crías. Una de estas reacciones es la de confiar en los lazos sociales. Las mujeres somos proclives a acudir en ayuda de otras en situaciones de amenaza o estrés; podemos anticipar un conflicto, lo cual nos permite alejarnos y alejar a otros de un peligro potencial. Recuerda que, en nuestro cerebro, aún se conservan los circuitos antiguos de nuestras antepasadas más exitosas. ¿Con cuál arquetipo te identificas tú?

—Sin dudas, con el de Eva—responde Laura.

—Ahora que lo tienes identificado, trabajemos en ello porque si bien el arquetipo de Eva es el que mayormente se ha manifestado a lo largo de tu vida, no significa que también te habite el de Lilith —y enfatiza—: toma de cada una aquellas cualidades que estén relacionadas con el verdadero ser femenino: de Eva, su necesidad de buscar, conocer cómo son las cosas y no quedarse con el discurso que escuchó; de Lilith, su fuerza, su seguridad y su asertividad; la decisión, cuando no haya salida, de convertirte en una fiera para defender tu territorio.

— ¿Por dónde empiezo?

—Ya empezaste —contesta Sara—. Has podido revisar tus modelos mentales, tomar conciencia de que lo que has escuchado hasta aquí y que te ha llevado a espacios de sufrimiento no es verdad, sino producto de interpretaciones hechas con el fin de que seas lo que alguien dijo que debías ser: una mujer sumisa, sin deseos. Y me estoy refiriendo a más de cinco mil años de patriarcado. Esto se refuerza, hace dos mil años, con una historia que muestra a la mujer como un ser nacida en el pecado y que incita a pecar. Fuimos concebidas sin pecado, Laura. Al no saber lo que le falta—continúa Sara—, la mujer va por la vida en busca del paraíso perdido; y el matrimonio se transforma en esa promesa. Creemos que en una pareja encontraremos lo que nos complete. Es como si nos hubiesen dicho "Ahora careces, sufres, pero de grande aparecerá el hombre de tus sueños que te haga feliz", y para reforzar este juicio nos narran los cuentos de Blancanieves, Cenicienta, la Bella Durmiente: el supuesto príncipe aparece y cuando el cuento debería terminar con "y fuimos felices y comimos perdices", comprobamos que no hay castillo y si hay, no es lo que imaginamos: el príncipe se quita su atuendo y se coloca el de hombre común y deja de ser divino para convertirse en humano. Proyectamos en un ser humano como nosotras, carenciado como nosotras, la pesada carga de cumplir con nuestras necesidades.

— ¿No crees en el matrimonio? —pregunta Laura.

—No creo en esa unión concebida desde la necesidad— responde Sara—; creo en la unión de dos personas que se respetan, que se eligen siendo conscientes de que cada uno es como es y que no vino para llenar el vacío existencial del otro; dos personas que se complementan y deciden transitar juntas un camino que no está diseñado previamente, que lo irán construyendo día a día, con respeto, con encuentros, desencuentros, con condiciones de satisfacción, admiración y mucho humor.

—Pero eso es imposible... Me suena a utopía.

—Desde ya que es posible—asevera Sara—. Es posible cuando el encuentro se produce entre dos personas completas, y cuando digo completas me refiero a personas que no busquen llenarse con el otro.

—Supongamos que elijo no creer en la historia que me contaron sobre el mito—dice Laura decidida—, ¿cuál historia escucho?

—Puedes contar tu propia historia o tomar la historia del mito que yo te traigo. Después de todo son siempre interpretaciones, no son verdades

— ¿Tienes tú alguna evidencia sobre la historia que me traes sobre el mito? —pregunta Laura.

Sara sonríe.

—Tal vez. Aprópiate de aquello que te permita acceder a tu verdadera sexualidad, a disfrutar del placer en donde tú consideres que esté: leyendo un libro, aprendiendo a bailar, mirando una película, teniendo sexo…. Elige tú el espacio, vuelve a conectarte con lo placentero, eso es algo que la mayoría de las mujeres han perdido obsesionadas por demostrar lo valiosas que son; se olvidan de sus propios deseos, en pos de satisfacer el deseo de los otros o del modelo de mujer que le vendieron. Hay infinidad de mujeres que en el acto sexual están tan preocupadas por hacer un buen papel frente al hombre, por demostrar lo maravillosas que pueden ser en una cama, que se olvidan de ellas. Y a eso le llaman amor.

— ¿Cómo lo llamas tú?

—Inseguridad, niñas heridas que buscan atrapar al hombre luego de una relación sexual y cuando éste desaparece, dicen que fueron usadas en lugar de entender que, en primera instancia, lo que moviliza a dos personas a estar juntas es el deseo, no el amor. Si el deseo continúa con la misma intensidad para ambos, seguirá y quizás construyan una relación donde aparezca el amor; de no aparecer, una vez que no haya más deseo, cada uno tomará su camino.

—Entonces, ¿Juan no me amó? —pregunta Laura con tristeza.

— ¿Tú qué crees?

—Que no. Juan no sabe lo que es amar porque no aprendió a hacerlo, siempre me habló de una infancia muy triste.

—Y tú Laura, ¿crees haber amado a algún hombre?

Ella baja la cabeza y queda callada por unos minutos.

—No —dice—, atraje a mi vida hombres que me mostraron lo poco valiosa que era. El último vino a mostrarme algo que estaba muy escondido en mí, una creencia muy profunda... Que yo era una puta.

Las lágrimas cubren su rostro; a pesar de la tristeza, se siente aliviada. Por primera vez en su vida toma conciencia de que jugó un juego macabro, bajo reglas terribles que la llevaron a vivir con miedo y dolor.

—Te propongo—dice Sara—que empieces a relacionarte con aquello que te guste, al menos una vez por día. De esa manera, podrás cerrar el programa de defensa que tienes abierto todo el tiempo y activar el del placer. Vas a necesitar estar atenta a ti misma, observar las reacciones de tu cuerpo para saber cuál es el programa que tienes activado. En el de defensa, sentirás que el cuerpo se contrae y hay dolor; en el de placer, que el cuerpo se relaja.

—Y con respecto a mis enfermedades—dice Laura—, ¿qué expresaban en ese momento?

—Las enfermedades que has tenido fueron el resultado de diferentes situaciones a lo largo de tu vida. Todas traen un mensaje.

—Si, ya sé, lo vemos en la próxima sesión.

Las dos ríen. Sara la acompaña hasta la puerta. Laura recibe un llamado en su teléfono celular; es el abogado de Juan que le pide que retire los cargos contra él. A cambio, firmarán un acuerdo donde Juan promete no volver a molestarla. Contesta que lo va a pensar. Comienza a caminar sintiendo que está dejando atrás una historia. Ahora tiene la posibilidad de elegir quién quiere ser y accionar para lograrlo.

Capítulo Quince

La enfermedad no existe

Laura llega a la consulta con una actitud diferente a las anteriores. Sara la nota alegre, más relajada. El saludo de ambas es muy afectuoso; han logrado un vínculo muy estrecho basado en una confianza mutua.

La joven cuenta que ha decidido bajarse de la causa contra Juan aceptando el acuerdo que le ofrece su abogado. Comenta que es suficiente con que Juan desaparezca de su vida. Considera que no es ella la que hará justicia.

—Estuve pensando—explica Laura—, con respecto a lo que hablamos en la última sesión, que previo a enfermarme siempre hubo algún acontecimiento que viví con mucho sufrimiento.

Sara asiente con la cabeza. Laura continúa:

—Durante años he leído al respecto y desde la teoría puedo entenderlo, pero no sé como incorporar en mi historia este concepto. Por un lado pienso que la enfermedad es producto de un desajuste orgánico: comer mal, tomar frío, realizar un mal esfuerzo... Aunque, muchas veces, aún haciendo esto, no aparece tal desajuste; por otro lado, si está provocada por una situación, tomando conciencia de ello, debería poder anticiparme para que la situación no vuelva a ocurrir. Sin embargo, me vuelve a pasar.

— ¿Existe o no existe la enfermedad? —concluye Laura, sintiéndose enredada en sus propias palabras.

—Te voy a contar un cuento—dice Sara—: aquella mañana el Tribunal era un hormiguero de gente. Como nunca antes, una multitud ocupaba la enorme sala. La acusada en cuestión no era común, de hecho se la llevaba por primera vez en la historia al banquillo de los acusados.

Se abre una puerta, el juez ingresa a la sala. La multitud enmudece. Su señoría se sienta y sin perder tiempo comienza a hablar: "Señores, nos hemos reunido aquí para llevar a juicio a uno de los personajes más temibles de la historia de la humanidad: la Enfermedad. Los cargos contra ella son: homicidio, acoso moral y físico, discriminación... Dado que la acusada se negó a aceptar un abogado que la defienda, asumirá ella su propia defensa. Damos por comenzada la sesión". El fiscal entonces se acerca a la acusada y le dice: "¿Acepta usted haber matado, provocado sufrimiento y amedrentado a millones de personas a lo largo de la historia?" La enfermedad, con una sonrisa burlona contesta: "Me sorprende usted, no sabía que me habían dado tanto poder". El fiscal, incómodo frente a la respuesta, agrega de manera inquisidora: "Le pido conteste a mí pregunta señora". Y la Enfermedad responde: "Como no doctor, y ya que los cargos sobre mi persona datan de largo tiempo, permítame hacer un poco de historia. Podemos decir —continúa la Enfermedad— que el malestar orgánico o emocional siempre existió pero lo que hizo la medicina convencional fue clasificarlo y eso le dio poder. Les comento un dato curioso: a poco de comenzar la revolución francesa, un comité del gobierno republicano que se autodenominó 'de la salud' decidió que 'en un Estado en donde la libertad, la fraternidad y la igualdad reinaran, no podía existir esa desigualdad llamada enfermedad'. Es por eso —prosiguió la Enfermedad—, que decretaron la inmediata anulación de la profesión médica y el cierre de los hospicios y lugares de internación. Como éstos se encontraban en las afueras de la ciudad, la inmediata reacción fue que los locos y los leprosos se acercaran a las ciudades, lo que generó tal pánico entre los miembros de la urbe que rápidamente anularon el decreto y pidieron la desesperada ayuda a los médicos para que los volvieran a llevar a sus lugares. Lo interesante de esta anécdota es que para aquel momento yo tenía unos veinte nombres. Al poco tiempo de este hecho, ocurrido en la misma época donde el positivismo reinaba como manera de pensar, ya me habían puesto doscientos —explicó la Enfermedad—. Les recuerdo que el positivismo es la escuela filosófica surgida de la revolución francesa en donde los hechos son analizados y conocidos por el método científico. A partir de allí, el ser humano y la sociedad también son analizados solo por éste método. Actualmente tengo 1600 nombres. Todo lo que se clasificó, pasó a existir".El fiscal, mostrando un gesto de confusión, pregunta: ""¿Quiere decir que usted no existe, que alguien la inventó?". La Enfermedad, complacida, responde: "Veo que usted comprende rápidamente. Ni más ni menos doctor, soy un invento del sistema". Enojado, el letrado, replica: "Por favor, no me haga reír. ¿Usted quiere hacernos creer que el nódulo de tiroides que tiene mi esposa, por ejemplo, lo inventó ella? ¿Para qué lo haría?". La Enfermedad responde: "En primer lugar, doctor, para saber el motivo por el que su esposa hizo un nódulo en sus tiroides, sería necesario conversar con ella. En la historia que nos relate, estará la respuesta... ¿Se encuentra la esposa del doctor en la sala?", pregunta la Enfermedad. En el fondo una mujer levanta con fuerza su mano, se pone de pie y dice: "¡Yo soy! Y quiero que sepa que desde que usted apareció en mi vida, no he dejado de visitar médicos, tomar medicación y hacerme estudios invasivos.... Hasta ahora dicen que usted es benigna conmigo... Y ni se le ocurra querer hacerme algo malo... ¿Entendió?". Tranquila, la Enfermedad responde: "Señora, ¿quién le hizo los estudios invasivos, quién le dio medicación?". "Mi médico, por supuesto", respondió la señora. Y continuó la Enfermedad: "¿Quién le dio autoridad a ese médico, para confiar ciegamente en lo que él decida, permitiéndole que invada su cuerpo como si usted tuviera un enemigo interno al que hay que derrotar?". Murmullos en la sala. "Yo", contestó la señora. Y agrega: "Supongo, suponemos que los médicos saben, que tienen la verdad… Para eso estudiaron", dice, mirando a toda la audiencia. "Y con todo eso que le hicieron… ¿Usted está mejor?", pregunta la acusada. "¿Mejor? No sé, pero por lo menos no avanzó", responde la señora. "Bien", dice en un tono reflexivo la Enfermedad. "Por lo que veo, usted no está comprendiendo cuál es mi función, el por qué aparezco en su vida. Le pido que tome asiento, ya bastante cansada debe estar arremetiendo todos los días para poder llegar". La mujer, sorprendida, le pregunta: "¿Y usted como sabe eso?". "Estimada señora —responde la Enfermedad a la mujer del fiscal— cuénteme cómo es un día de su vida". El juez, el jurado y el público presente en la sala observan y escuchan con interés. "Le cuento", dice la mujer: "Cada día me levanto muy temprano, llamo a mis hijos, los llevo al colegio, luego vuelvo, me ducho y voy a la oficina. Allí todo es urgente y la demanda constante; regreso a casa a la tarde, ayudo a mis hijos a hacer sus tareas del colegio; luego llega mi esposo que se instala frente al televisor porque quiere evadirse de lo vivido durante el día, lo atiendo, preparo la cena…". "Señora", la interrumpe la Enfermedad, "ya me agoté de tan solo escucharla". "Verdaderamente así me siento", dice la mujer, "agotada, sin poder llegar a cumplir con todo… Y sola". El auditorio dirige su mirada hacia el fiscal, que baja la cabeza como eludiendo el impacto. "Bien señora", dice la Enfermedad, "permítame traerle una interpretación: como usted siente que no llega a tiempo con todo y además se ve sola frente a tanto desafío, su biología busca responder a su necesidad y produce más hormona tiroidea que le permita apurarse y llegar a cumplir con todas las exigencias. Y a eso la medicina convencional le pone mi nombre: Enfermedad. En lugar de buscar la manera de alivianar su sensación de desgaste y frustración, actúa con ese nódulo como si se tratase de un enemigo al que hay que destruir; ¿puede comprender que su biología hace por usted lo que usted no puede hacer? ¿Puede darse cuenta de que si busca la forma de interpretar la situación desde otro lugar y actuar en consecuencia, su nódulo dejaría de estar ya que usted encontraría el camino para desarticular el conflicto, aquello que hoy hace que se sienta de la manera en que se siente? Póngale palabras a lo que le pasa, señora. Una de las claves para sanar está en el lenguaje". La mujer mirando atónita a la Enfermedad, pregunta: "¿Pero hay médicos que puedan escucharme?". "Felizmente, sí", afirma la Enfermedad. "Le podría nombrar alguno; por ejemplo, el doctor Auscultare". "¿Quiere decir", agrega con entusiasmo la mujer, "que el doctor Auscultare me puede curar?". La Enfermedad hace una respiración profunda, y contesta: "El doctor la va a escuchar y la va a asistir para que juntos, usted y él, encuentren lo mejor para usted, aquello que le permita salir del espacio de sufrimiento en el que hoy se encuentra".

En ese momento, un murmullo comienza a invadir la sala y se empiezan a escuchar, cada vez más fuerte, voces que gritan intentando hacerse oír: "Yo que soy diabética, ¿qué debo hacer?". "¿Y yo que tengo cáncer?". "Yo soy hipertenso". "Y yo tengo artritis"... "¡Señores!" dice la Enfermedad en un tono asertivo y que retumba en todo el auditorio, "en primer lugar, no hay un protocolo para cada sintomatología, necesitaría escuchar de cada uno su historia. Y en segundo lugar, empiecen por cambiar el lenguaje", y señalando con el dedo índice a personas del público, dice: "Usted no tiene diabetes", "usted no es hipertenso tampoco... Ambos presentan determinados síntomas que la medicina ortodoxa, a través de diversos estudios, ha clasificado poniéndole un nombre. Y a partir del momento que lo nombraron, empezaron a perpetuarlo en sus cuerpos. El lenguaje, señores, genera realidades. Como les dije al principio de esta audiencia, todo lo que nombramos pasa a existir... Y dejen de llamarme Enfermedad, ese no es mi nombre...". "¿Cuál es su nombre, entonces?", pregunta un señor que se encuentra en primera fila. La enfermedad, pensativa y con cierto dejo de tristeza en su voz, contesta: "No lo sé, a decir verdad, son muchos: tal vez podría ser... angustia, rencor, soledad, abandono, resentimiento... Ustedes encontrarán mi nombre, revisando su propia historia". A esa altura, la sala se ha convertido en una torre de Babel. Cada uno habla con el que tiene al lado, contándole algo personal, y el clima sórdido del principio se ha transformado en comentarios amenos, escuchas empáticas y risas cómplices. Pareciera que ese otro ya no es un desconocido sino alguien que les resulta familiar, alguien que les genera confianza.

Frente a tal descontrol, el juez da tres martillazos sobre el escritorio y grita: "¡Orden en la sala!". Poco a poco las voces se van acallando y el juez continúa: "Bien, señores, luego de escuchar todo lo hablado hasta aquí, voy a pedirle al jurado que se expida", y dirigiendo su mirada hacia el banquillo de los acusados expresa: "Enfermedad..., o como se llame, póngase de pie". Apenas termina de decir esto, y frente a la sorpresa de los presentes, se da cuenta de que el banquillo de los acusados está vacío. Mira hacia la puerta de entrada que permanecía cerrada. La Enfermedad se había esfumado. "Señores", dice el juez sin salir de su asombro, "es evidente que la Enfermedad ha desaparecido". Luego de unos segundos que resultaron eternos, prosigue: "Quedan nulos todos los cargos que se levantaron contra ella. ¡Doy por finalizada la sesión!"

Poco a poco el público, murmurando, se va retirando de la sala. El juez se levanta y antes de abandonar el lugar, se dirige a su secretario y le dice al oído: "Consígame el teléfono de ese tal doctor Auscultare; tengo un problemita en la próstata y quiero hacerle una consulta". Y prosigue: "Esto es entre usted y yo, no se lo comente a mi urólogo". "Quédese tranquilo, señor juez", responde el asistente.

Mientras tanto, en los pasillos del Tribunal, la gente sigue conversando. Una mujer, que va del brazo de su amiga, comenta: "Entonces no me tengo que poner la vacuna contra la gripe". "¿Y para qué te la pondrías?", pregunta la otra... "Y, para prevenir", responde. Soltando una carcajada, la amiga le contesta: "¿Qué vas a prevenir, si no existe?". La mujer, en un tono reflexivo, responde: "Si, entiendo, pero es muy difícil... Hace muchos años que venimos haciendo lo mismo". "Acuerdo contigo", dice la amiga, "pero hasta aquí ese paradigma poco nos ha servido, te diría que nada. Yo, por lo pronto, voy a prestar atención a mi cuerpo cuando me hable a través de un síntoma, y si no logro decodificar el mensaje, buscaré un terapeuta que me asista". La mujer, que está escuchando atentamente, responde: "Yo aún no tengo claro qué hacer, lo que sí puedo decirte es que me invade una sensación rara, diferente". "¿Podrías describirla con una palabra?", pregunta la amiga. Después de unos segundos, y con una sonrisa, la mujer contesta: "Esperanza".

Laura queda muda durante unos minutos, observando a Sara.

—Por primera vez entiendo el concepto de Hamer sobre la enfermedad. Dice que ocurre un hecho sorpresivo, dramático y vivido en soledad. Y como no hay verbalización, lo define la biología.

—Es muy interesante lo que traes—dice Sara—. Sigamos: ¿por qué crees que es sorpresivo?

—Porque la persona no está preparada para reaccionar.

—Dame ejemplos—pide Sara, animándola.

—Podría ser una frase, un gesto o una actitud de un ser querido del que nunca esperarías tal conducta.

—Bien—continúa la terapeuta—, ¿y por qué es dramático?

—Aquí se trata de una interpretación que conmueve a la

persona, y que lo vivencia de acuerdo a su historia —responde Laura, y agrega—: pero no entiendo por qué dice que no puede verbalizarlo, si nosotras somos de contar todo lo que nos pasa.

—En parte si—dice Sara—, pero en un hecho de este tipo hay algo que no puedes contar, que se te escapa, que queda secuestrado dentro de ti y necesita de una escucha atenta y comprometida. Ahí es donde entra el terapeuta, para que ayude a que eso que no se dijo, salga a la luz. Por ejemplo, podrás recordar cuando Juan apretó tu cuello con sus manos, lo pudiste haber contado, pero una parte de esa vivencia superó la posibilidad de pensarla, de recordarla. Hay un monto de tensión que desborda el registro psíquico. Si eso tiene que ver con el miedo frontal, el pánico absoluto, el órgano que guardará ese monto de energía que desborda la psiquis, es el pulmón. Si guarda relación con no poder percibir ayuda, quedar solo y desamparado, quien guardará ese monto de tensión será el riñón. Si la vivencia es de estar siendo ensuciado y maltratado, lo guardará el intestino grueso.

—Entiendo—dice Laura—, es por eso que la biología pasa a hacer por ti lo que tú no puedes hacer; como la señora del abogado del cuento que me relataste.

—Así es—contesta Sara—, como tú lo has dicho. Lo que no puede hacer la persona, lo hace su biología. Y lo hace como lo hizo siempre, con conductas celulares adaptativas frente a lo que vive como amenazas a su supervivencia.

—Quiere decir entonces—dice Laura, pensando en voz alta—, que lo que la medicina convencional llama enfermedad, en realidad es un programa que el cuerpo pone en marcha para reparar algo. Pero cuando yo tengo un estado gripal, ¿qué está haciendo mi biología en ese momento?

—Buena pregunta: cuando la persona acumula tensiones

excesivas cotidianas, se produce el llamado estrés y es allí donde la biología hace por ti, lo que tú no puedes hacer debido a que tu pensamiento te dice que debes seguir, que no se puede parar. Se inflaman entonces las mucosas para obstruir las narinas y no respirar el mismo aire que el enemigo; los bronquios expulsan mocos para escupir al invasor; los músculos duelen para retirarte de la lucha. Y allí los virus son excelentes colaboradores para generar ese estado inflamatorio que, si bien es molesto, logra que el ser vivo se aísle y recupere su bienestar. Pero el sistema no te lo permite y aparecen cantidad de medicamentos que te aseguran que, rápidamente, entrarás de nuevo a ser parte de la cadena de producción. Esto ocurre con las llamadas enfermedades comunes; no es lo mismo en el caso de las enfermedades como el cáncer, el lupus, el sida, la artritis reumatoidea.

—Son las que Fernando Callejón, el médico que estudió con Hamer, llama enfermedades arquetípicas—dice Laura, y continúa—: no entiendo cuál es la diferencia.

—Estamos unidos a nuestros ancestros no solo por la carga genética—le explica Sara—, sino por lo que ellos sufrieron, gozaron y no pudieron cumplir. De la vida y la muerte de todos ellos quedaron registros que viven en nosotros. Ya no se trata de solucionar conflictos de la persona, sino de darnos cuenta que esa persona está comprometida con un destino que la trasciende; son los llamados mandatos generacionales. Estos mandatos no están ni en el cuerpo ni en la psiquis. Están en grupos celulares que guardan información de todos los tiempos, como una especie de programa. Esos grupos conocen esos mandatos y son los encargados de resguardar su cumplimiento. Cuando son informados del incumplimiento del mandato generacional, lo denuncian, ¿cómo lo hacen? A través de comportamientos celulares que la medicina convencional no ha logrado comprender y les ha puesto el nombre de cáncer, sida, etc.

—Dame un ejemplo del incumplimiento de los mandatos generacionales —pide Laura.

—Veamos un cáncer de mama. Permíteme contarte el caso de una mujer a la que llamaré Irene. Hacía 15 años que Irene estaba casada con José. La relación había entrado en una meseta donde sólo se limitaban a saludarse por la mañana, compartir las cenas, mientras miraban televisión y participar de alguna reunión familiar o de amigos los fines de semana. El vínculo que los había unido en un principio, por diferentes razones, ya no estaba.

Una noche, durante la comida él apaga el televisor y le pide hablar. Ella lo mira asombrada y acepta. José le plantea, sin rodeos, que quiere separarse porque siente que ya no hay amor entre ellos, que se han convertido en buenos amigos. Si bien internamente Irene acordaba con el planteo de José, pensar en quedarse sola, convertirse en una mujer separada, contárselo a su madre que le recriminaría no haber hecho todo lo posible por mantener el hombre a su lado, hizo que entrara en pánico. Reaccionó diciendo que no, que él no podía hacerle eso, que ella había sido una buena mujer. Preguntó si había otra, a lo que José contestó que sí. La respuesta fue como un puñal en el pecho; le dijo que estaba dispuesta a aceptar lo que sea, pero que no la abandonara.

En una semana, José ya se había mudado a un departamento alquilado. Irene, presa de la angustia y la ira, entró en un estado depresivo. A los pocos meses, en un examen médico de rutina, le detectan un bulto en la mama derecha que, luego de algunos estudios, es diagnosticado como cáncer.

Frente a esta situación, Irene tendrá dos opciones. Una es seguir el camino tradicional de sacarse el bulto que molesta, ese enemigo que viene a invadir, y declararle la guerra con poderosas armas químicas que no solo aniquilarán al objeto indeseado sino que erradicaran todo lo que esté a su alrededor para asegurar que el enemigo no vuelva a aparecer. Lamentablemente esto, lejos de ser una solución a lo que se presenta como problema, es una respuesta agresiva que destruye, colocando a Irene como espectadora de una historia que se le escapa y que nada puede hacer para retenerla.

La otra opción es comprender que su biología está expresando la denuncia de lo que ella interpreta como una traición. Lo que le va a permitir a Irene salir de esa trampa, es decir el cáncer, será revisar lo que percibió como una necesidad de no perder el territorio, por lo que hoy, frente a la pérdida inminente de su esposo, "está poniendo el pecho para hacer frente a la situación".

La vivencia que cada uno haga de lo que le pasa es biológica. La enfermedad, desde la biología, es una ficción. Si pierdo a mi esposo y enfermo, estoy construyendo una verdad que trasciende la biología. Empiezo a armar una frase que me lleva a la enfermedad. El dolor que siento lo enlazo a pensamientos, sentimientos y emociones y hago un discurso de la enfermedad. Ese discurso podría ser: "No he sabido defender lo que era mío, nunca lo debí perder, soy una incapaz". Aquí hay una simbiosis entre la indefensión y lo que interpreto como irreparable.

Y allí estará el terapeuta que con su escucha comprometida interpretará las razones que la llevaron a enfermarse, abriéndole la posibilidad de construir un relato que la ayude a ver lo que le ocurrió tal como ella necesita verlo para curarse. A partir de ese momento se aplicará el método terapéutico necesario para Irene, no para el cáncer de mama, porque se trata de un ser único, irrepetible, con una historia que la hizo reaccionar de una manera aprendida.

Irene empezará un camino de autoconocimiento y de transformación personal que le permitirá cambiar la historia, comprendiendo que no es el otro el que la llevó a enfermarse, sino la interpretación de los hechos de lo que el otro hizo y a los que ella le dio un determinado sentido; un sentido que es producto de los mandatos familiares y generacionales recibidos y que se instalaron en ella para que repita la historia.

—Comprendo—dice Laura—. ¿Cuál es el mandato generacional, en este caso?

—Proteger lo recibido. Se trata de un mandato arquetípico que se refiere a nuestro territorio original, al propio organismo, a las crías y la pareja. Si el conflicto es con los hijos, se manifestará en la mama izquierda; si es con la pareja, en la mama derecha. En el caso de Irene, su cerebro ha percibido que ella no ha podido defender algo de lo que se siente responsable.

—Entonces—dice Laura—, las enfermedades comunes son adaptaciones ya programadas por el cerebro para solucionar situaciones que amenazan la supervivencia; por ejemplo, un dolor de estómago es un programa que tiene el cerebro porque la persona está comiendo alimentos que no le caen bien o porque está tragando injusticias que tampoco le caen bien; y allí el cerebro le ordena al estómago cerrarse para que no pueda comer más o no siga tragando esas injusticias.

—Exacto, veo que lo has comprendido. ¿Y las arquetípicas? —la desafía la terapeuta.

Laura piensa.

—Serían las que vienen de arquetipos de conductas exclusivamente humanas porque reflejan conductas no solo individuales sino sociales, de alejamiento de la cooperación, la armonía, el amor... Son situaciones para las que el cerebro no tiene programas adecuados para resolverlas.

—Así es Laura—la felicita Sara—. La persona pierde el sentido de la vida y el propósito. Y es en estos momentos donde necesita resignificar su historia.

—¿A qué te refieres cuando hablas de resignificar?

—Significar—dice la terapeuta—, tiene dos orígenes: *signi*, que es signo, marca o señal, y *fixar*, que es hacer. Significar es hacer algo o convertir en realidad un signo o señal.

—Resignificar—completa Laura—, entonces se refiere a darle un nuevo sentido a algo.

—Y actuar en consecuencia—dice Sara—. Cuando ves algo, no puedes dejar de verlo. Una vez que le encuentras el sentido a una situación ya no vuelves a ser la persona que eras antes de encontrárselo. El compromiso que asumes con las acciones que realices luego de la resignificación es lo que te va a permitir pararte en el lugar de protagonista. No basta con darte cuenta: es fundamental que actúes en consecuencia.

—Te invito a que dejemos aquí, por hoy—propone Sara—; en la próxima consulta conversaremos sobre el sentido de tus enfermedades, ¿te parece?

—De acuerdo.

Durante los días siguientes Laura comienza a ver su vida, ya no desde la enfermedad, sino del para qué éstas aparecieron. Puede observar que hay otros caminos, que no se trata de cambiar un conocimiento por otro sino de resignificar lo conocido.

Capítulo Dieciseis

La Revolución

Laura va a la entrevista con el abogado de Juan. Firma el acuerdo y se retira. Cuando llega a la puerta de calle, camina unos pasos y sale Juan a su encuentro. Laura se sorprende. Ambos quedan mirándose. Juan rompe el silencio.

— ¿Cómo estás?

—Muy bien.

—Quiero contarte algo —dice Juan afablemente.

—Te escucho.

—Yo nunca quise hacerte daño, lo que ocurre es que la situación se nos fue de las manos. Si tú y tu amigo no me hubiesen hecho juicio, si lo hubiésemos arreglado entre nosotros...

Laura lo interrumpe:

—Juan, tú y yo nos encontramos para algo; yo encontré el para qué te atraje a mi vida; fuiste un gran maestro para mí.

—Entonces... —dice Juan esperanzado.

—Que aprendí lo que viniste a enseñarme y ya puedo continuar mi camino—contesta ella.

—Podemos seguir aprendiendo juntos...—insiste él.

Laura sonríe, y mirándolo a los ojos le contesta:

—El aprendizaje es personal y ya no hay, entre nosotros, un punto de encuentro.

—Pero yo te necesito—dice Juan desesperado.

—Allí está tu problema Juan, ni yo ni nadie va a llenar el vacío que existe en ti, así como tú ni ningún otro hombre pudo llenar el mío.

—Eres una mujer hermosa y muy inteligente—dice Juan apelando a su seducción que siempre había funcionado con ella.

—Dime algo de mí que yo no sepa—le propone Laura.

Juan queda sorprendido ante esa respuesta.

—Alguien te está llenando la cabeza—dice ofuscado.

Laura sonríe.

—Adiós, Juan—da media vuelta y comienza a caminar.

—No vas a encontrar a alguien que te quiera como yo.

Sin volver la mirada atrás, Laura sigue caminando mientras la invade una enorme sensación de paz.

Llega a la próxima entrevista con su terapeuta y le cuenta lo ocurrido, comentando que desde el día en que vio por última vez a Juan, le había hecho sentido lo que hablaron alguna vez sobre que las cosas son como son y no como deberían ser y que ella ahora es una observadora diferente frente a esa situación, que ya no se siente víctima de la misma sino una protagonista que está accionando para acceder a una realidad diferente. Luego agrega que ha estado pensando sobre las enfermedades que aparecieron en su vida y que le gustaría trabajar sobre el sentido de una de ellas, la artritis reumatoidea.

— ¿Recuerdas la historia anterior que desembocó en ese diagnóstico? —pregunta Sara.

—Fue luego de que mi tío abusara de mí en reiteradas oportunidades —relata Laura.

— ¿Qué ocurrió? —indaga la terapeuta.

—El me sentaba sobre sus piernas y me manoseaba sin decir nada.

Sara toma la palabra.

—La artritis reumatoidea es considerada, por la medicina convencional, una enfermedad inflamatoria crónica que afecta sobre todo a las pequeñas articulaciones, como son las manos y los pies: los cartílagos se ulceran y luego se produce por la repetición del proceso inflamatorio una cicatrización de los elementos de la articulación con deformidades permanentes.

— ¿Cuál es el sentido? —pregunta Laura.

—El sentido biológico es de denuncia —dice Sara—. Al trabajar sobre manos y pies trata de denunciar la falta de defensa en lo laboral o afectivo y la disminución en la acción para resolver situaciones que exigen salir de un lugar.

—Entiendo —dice Laura—. Yo hubiese querido hacer algo contra mi tío pero no pude, temía que no me creyeran, que me castigaran... Por tratarse de una enfermedad arquetípica, ¿cuál es el mandato generacional en este caso?

—Debes ser leal a la historia familiar, ese es el mandato —responde Sara—. ¿Hay en tu familia historias de abusos?

—Sí.

—El tema es que te niegas a repetir la historia, que la lealtad a la familia no puede ser concretada.

—Comprendo—dice Laura—. Felizmente, lejos estoy hoy de aquella niña desvalida. ¿Pero qué ocurre si vuelve a aparecer otro Juan en mi vida?

—En primer lugar—contesta la terapeuta—, siempre atraemos personas que vibran en nuestra frecuencia, que vienen a jugar con nosotras el juego que ambos conocemos. Hoy elegiste dejar de jugarlo y te estás preparando para acceder a otro, un juego donde tú pongas las reglas, donde disfrutes, donde aprendas maneras nuevas de relacionarte, desde un lugar más sano; no creo que vuelvas a encontrar otro Juan y, de aparecer éste, te correrías inmediatamente de la escena.

— ¿Qué puedo hacer para no volver a equivocarme? Pregunta Laura.

Sara sonríe.

—La vida es un aprendizaje continuo, prueba y error; ser flexible es permitirse equivocarse, rediseñar y volver al juego. Permanece atenta a ti, Laura, atenta al lenguaje que utilizas cuando hablas, si esas palabras te permiten crear una mejor realidad o te instalan en el rol de víctima. Escucha tu cuerpo, establece un diálogo activo con él; frente a una situación observa cómo se expresa ese cuerpo, si se contrae en algún lugar, si se relaja... Aprende su idioma. Y ahora, únete a tus pares. Busca a otras mujeres que estén transitando situaciones similares a las tuyas y asístelas, desde el lugar que elijas, para que sanen.

—Espero no terminar como Lilith—dice Laura sonriendo.

— ¿Y cómo terminó Lilith?—pregunta Sara.

—De acuerdo a lo que me contaste—responde Laura—, Lilith murió en una batalla, cuando una lanza atravesó su pecho, cerca de su corazón.

—Cuando te relaté su historia—dice la terapeuta—, te conté hasta allí, pero ese no es el final.

— ¿Qué ocurrió entonces?

—Cuando Pentesilea intenta reavivar a Lilith y no lo logra, la carga en su caballo, cruza el bosque y llega hasta el lugar donde vive Morgana. La Sabia coloca el cuerpo de la joven en un camastro hecho con ramas; durante días la cura con pócimas de hierbas sagradas y la mantiene rodeada con velas para que la luz haga que su alma no se pierda y permanezca en su cuerpo. Una mañana observa que la respiración de Lilith es casi imperceptible; toma entonces una pipa, la carga con un tabaco especial y a medida que absorbe el humo, lo tira sobre el rostro de la joven, a modo de aliento, emitiendo un sonido gutural. Lilith abre de golpe los ojos, y respira profundamente, como si hubiese estado conteniendo el aire. Morgana la tranquiliza y le dice que la herida que le han hecho es muy profunda, pero que como toda herida, sanará. Cuenta la historia —prosigue Sara—, que con el tiempo, luego de recuperarse, fue la justiciera que puso en vilo al patriarcado y la religión, apareciendo como ave o como mujer, para rescatar a aquellas que caían prisioneras del sistema, o eran absurdamente castigadas por seres que buscaban dominar a través del miedo y el control.

—Qué pena que Lilith no haya sido inmortal—dice Laura—; si bien hoy no tenemos un tribunal de la Inquisición que condene a las mujeres a la hoguera, hay maneras encubiertas que siguen sosteniendo el mismo concepto de mujer que en aquellos tiempos.

— ¿A qué te refieres?

—Me refiero—dice Laura—, a que la sociedad trabaja sobre las consecuencias y no sobre las causas. La mujer necesita ver que no es el hombre golpeador la causa de su sufrimiento, por ejemplo, sino el lugar en el que ella se ubica, producto de una historia que le vendieron y que compró como verdadera; que no son los otros que la demandan continuamente, los responsables de su cansancio, sino el creer que ser una buena mujer significa estar disponible incondicionalmente para los demás; necesita cambiar la observadora que está siendo de la situación.

—Sin dudas—corrobora Sara—, y me alegra que lo tengas claro. Necesitamos salir del arquetipo del gran padre, que ha guiado la convivencia del ser humano por miles de años, y pasar al arquetipo de la gran Madre, que viene del amor incondicional, que dialoga, que es ejemplo de coherencia en el decir y el hacer, que no sanciona. Necesitamos dejar de crearnos realidades siniestras dándole autoridad a quienes toman nuestro cuerpo como si se tratase de un mecanismo al que se le pueden cambiar las piezas para que siga funcionando; y de no funcionar más, encuentran la excusa de que se hizo todo lo posible para salvarlo "pero el paciente no respondió".

— ¿No estaremos hablando de un mundo ideal?—pregunta Laura.

—Puede ser... Ideal pero no imposible.

—Sería conveniente encontrar dónde nos perdimos, porque en algún momento, como tú dices, fuimos diferentes —piensa unos segundos y exclama— ¡Debemos hacer una revolución!

— ¿Cómo sería? —pregunta Sara intrigada.

Laura sigue hablando con euforia:

—Ayer, buscando el significado de esta palabra encontré que es un concepto matemático y proviene del término *volver*, que significa ir y venir. Copérnico lo usó en su tratado sobre las órbitas para explicar el recorrido de la tierra alrededor del sol y no como hasta entonces se creía; eso significó una fisura en el pensamiento humano y por eso, desde entonces, cuando se hace referencia a un hecho que modifica sustancialmente el pensamiento y la acción humana, se usa la palabra revolución.

—Así es—agrega Sara—, y es en esa época en donde se considera que todo cambio positivo necesita un volver atrás, a un momento en donde todo era mejor. Por eso revolución es volver a evaluar el significado y hacer una nueva señal.

—Sabes—dice Laura—, me encantaría formar un grupo de mujeres para poder asistirlas en su transformación personal. Lo llamaría Concebidas Sin Pecado.

—Muy bueno—dice Sara—, ¿y qué te está faltando para hacerlo?

—Nada, simplemente hacerlo.

—Haz tu movida entonces—dice la terapeuta.

— ¿Qué significa eso?

—Que hagas lo mejor que sabes hacer, a eso le llamo yo "tu movida".

—Lo mejor que sé hacer es ser nexo entre las personas, agruparlas y coordinar acciones.

—Perfecto—dice Sara—. Busca a quienes puedan acompañarte,

que no tienen por qué hacer lo mismo que tú, su movida podría ser otra: buenas administradoras, buenas ayudantes. Arma un equipo con un objetivo común.

—Me encanta la idea —expresa Laura. Luego pregunta— ¿Me ayudarías a hacerlo?

—Cuenta con eso—responde Sara—; y recuerda siempre: si el "qué" está claro, los "cómo" aparecen.

Las dos mujeres acuerdan un encuentro, fuera del horario de consulta, para comenzar a diseñar el proyecto. Mientras ambas dialogan, Sara se saca el abrigo; debajo lleva una remera. Laura la mira con sorpresa.

— ¿Qué tienes allí?

— ¿Dónde? —dice la terapeuta.

—Allí—señala Laura—, en tu pecho, cerca del corazón.

—Ah…, es una cicatriz de nacimiento.

—Que casualidad, ¿no? —sugiere Laura con sarcasmo.

Sara sonríe y encoge los hombros; ambas comienzan a reír de manera cómplice, como dos hermanas que se cuentan un secreto.

En ese momento suena el timbre. Es la próxima paciente de Sara; se ponen de pié y se abrazan. Laura se dirige hacia la puerta y, antes de abrirla, se da vuelta.

—La próxima vez quiero que me cuentes cómo siguió la historia de María Magdalena y su hija, le pide; imagino que el relato no termina cuando huyen.

—Por supuesto que no—dice Sara—, allí recién comienza; te lo prometo para la próxima.

FIN

Mensaje de la autora

Mientras escribía Concebidas Sin Pecado, me sentí guiada por una misión:

Concientizar a la Mujer de que si lo ELIGE, puede crear una nueva realidad en su vida, siendo coherente consigo misma y con el otro.

Te invito a organizar círculos de Mujeres, donde expongan las diferentes temáticas que se presentan en el libro. Que sea este un espacio de aprendizaje y disfrute, donde vivas de manera plena, la extraordinaria posibilidad de ser Mujer.

La invitación es a que participes de esos espacios y me compartas tu experiencia.

Mis datos:

Mail: **contacto@elisabotti.com**
Web: **www.elisabotti.com**
Facebook: **Libro Concebidas Sin Pecado**

Indice

PRIMERA PARTE

Capítulo Uno 21
Capítulo Dos 31
Capítulo Tres 45
Capítulo Cuatro 59
Capítulo Cinco 73
Capítulo Seis 87
Capítulo Siete 103
Capítulo Ocho 119
Capítulo Nueve 137
Capítulo Diez 149

SEGUNDA PARTE

Capítulo Once 163

Capítulo Doce 179
Capítulo Trece 191
Capítulo Catorce 203
Capítulo Quince 215
Capítulo Dieciseis 231

Mensaje de la autora 243

Biografía consultada

-*Anatomía del Espíritu.* Caroline Myss. Zeta, Barcelona, 2006

-*Cristianismo Místico.* Yogi Ramacharaka. Kier, Buenos Aires, 1977

-*Donde cruzan los brujos.* Taisha Abelar

-*El Acoso Moral: El maltrato psicológico en la vida cotidiana.* Marie France Irigoyen, Paidos, Argentina, 2008

-*El camino de la autoasistencia psicológica: Hacia la cura del antagonismo interior.* Norberto Levy, Planeta, Argentina, 1992

-*El cerebro femenino.* Louann Brizendine, Del Nuevo Extremo, Buenos Aires, 2007

-*El Contrato Sagrado.* Caroline Myss, Millenium

-*El error de Hamer.* Fernando Callejón, 2012

-*La adicción al amor. Cómo darse a sí mismo el poder para cambiar su forma de amar.* Pia Mellody, Ediciones Obelisco, Barcelona, 1997

-*Las claves para curar.* Fernando callejón, De los cuatro vientos, Argentina, 2010

-La función del orgasmo. Wilheim Reich

-La represión del deseo materno y la génesis del estado de sumisión inconsciente. Casilda Rodrigañez Bustos, Ediciones Crimentales, Madrid, 1995

-Los rostros de la Diosa. Sandra Román, Kier, Argentina, 2005

-Ontología del lenguaje. Rafael Echeverria, Dolmen Ediciones, Santiago, 2001

-Escritos y trabajos realizados por Fernando Callejón:

- El Arquetipo de la Gran Madre
- Artritis reumatoidea
- El significado y la acción
- La estabilización de la emergencia
- Hacia la revolución

Este libro ha sido registrado en la Dirección Nacional del Derecho de Autor, expediente Nº 5070815, en Buenos Aires, Argentina, el 28 de diciembre del 2012.

Diseño de Tapa: A4 Gráfica

Made in the USA
Columbia, SC
17 December 2023